1001 RECETTES

Bar à COCKTAILS

SOLAR EDITIONS

Bar à
COCKTAILS

COCKTAILS CLASSIQUES

ACAPULCO

PRÉPARATION : 2 min POUR 1 cocktail

glaçons • 3/10 de tequila • 2/10 de rhum blanc • 3/10 de jus d'ananas • 2/10 de jus de pamplemousse

1 Remplissez un shaker à moitié de glaçons.

2 Versez tous les autres ingrédients dans le shaker.

3 Frappez et passez le mélange dans un grand verre tumbler.

4 Servez aussitôt.

Déco : vous pouvez décorer le verre de 1 morceau d'ananas.

POUR VARIER…

ACAPULCO GREEN

Remplacez les ingrédients par 3/10 de tequila, 4/10 de nectar de fruit de la Passion, 2/10 de liqueur d'abricot, 1/10 de curaçao bleu et quelques glaçons.

ACAPULCO COCO

Remplacez 1/10 de jus de pamplemousse par de la liqueur de coco.

ABRICOTS AU LARD

Enveloppez 12 abricots secs de ½ tranche de lard chacun. Maintenez avec une pique à cocktail. Faites dorer à la poêle, de chaque côté, pendant 5 min. Servez avec le cocktail.

CHIPS DE BACON AU GUACAMOLE

Déposez 12 tranches de bacon sur une plaque. Faites dorer sous le gril de 3 à 4 min sur chaque face. Déposez 1 c. à c. de guacamole sur chaque chips de bacon. Servez avec le cocktail.

POUR VARIER…

STRAWBERRY AMERICAN BEAUTY

Remplacez le sirop de grenadine par du sirop de fraise.

HARVARD COCKTAIL

Versez 6/10 de cognac, 2/10 de vermouth sec, 1/10 de sirop de grenadine, 1/10 d'Angostura® bitter, 2 c. à c. de jus de citron et des glaçons dans un shaker. Frappez puis passez dans un verre à cocktail.

TORTILLAS AUX LÉGUMES

Faites revenir 1 courgette, 2 poivrons rouges et 3 tomates coupés en dés à la poêle pendant 15 min. Garnissez-en des tortillas, roulez-les et coupez-les en deux . Servez avec le cocktail.

MUFFINS À APÉRITIF

Garnissez 6 moitiés de muffins de 1 tranche de bacon grillée et de 2 tranches de cheddar chacune. Faites dorer sous le gril du four. Servez avec le cocktail.

AMERICAN BEAUTY

PRÉPARATION : **3 min** POUR **1 cocktail**

glaçons • 2/10 de cognac • 2/10 de vermouth sec • 2/10 de jus d'orange • 2/10 de sirop de grenadine • 1/10 de crème de menthe blanche • 1/10 de porto ruby • 1 cerise à l'eau-de-vie • 1 tranche de citron vert

1 Mettez quelques glaçons dans un shaker.

2 Versez le cognac, le vermouth, le jus d'orange, le sirop de grenadine et la crème de menthe dans le shaker.

3 Frappez et passez le mélange dans un verre à cocktail.

4 Inclinez le verre et versez délicatement le porto de façon qu'il flotte à la surface.

5 Décorez avec la cerise à l'eau-de-vie et la tranche de citron vert.

6 Servez aussitôt.

Déco : vous pouvez également décorer le cocktail de 1 torsade de zeste d'orange.

AMERICANO

PRÉPARATION : 2 min POUR 1 cocktail

glaçons • 3/10 de vermouth rouge • 7/10 de Campari® • eau gazeuse • ½ rondelle d'orange • ½ rondelle de citron

1 Mettez quelques glaçons dans un verre tumbler.

2 Versez le vermouth et le Campari® dans le verre.

3 Remuez et complétez le mélange avec de l'eau gazeuse.

4 Ajoutez dans le verre la ½ rondelle d'orange et la ½ rondelle de citron.

5 Servez aussitôt.

Remarque : ce cocktail aurait été créé en hommage à l'arrivée des Américains en Europe en 1917. On peut varier les proportions respectives de vermouth et de Campari® selon le degré d'amertume souhaité.

POUR VARIER…

BROOKLYN

Mettez 3/10 de vermouth rouge, 3/10 de Campari®, 4/10 de whisky et des glaçons dans un shaker. Frappez puis passez dans un verre à whisky.

MILAN-TURIN

Versez 5/10 de vermouth rouge et 5/10 de Campari® dans un verre à whisky contenant des glaçons. Remuez et servez.

RAVIOLES POÊLÉES

Séparez les ravioles de 2 plaques de ravioles de Romans. Faites-les dorer rapidement à la poêle dans de l'huile chaude, en les retournant à mi-cuisson. Servez avec le cocktail.

BOUCHÉES DE TOMATES SÉCHÉES-MOZZARELLA

Garnissez 12 demi-tomates séchées de 1 morceau de mozzarella et de 1 feuille de basilic. Maintenez avec des piques à cocktail. Servez avec le cocktail.

POUR VARIER…

B-55

Superposez ⅓ de liqueur de café kahlúa, ⅓ de Baileys® et ⅓ d'absinthe dans un verre à shot. Buvez à la paille, en commençant par le bas.

B-51

Superposez ⅓ de rhum blanc, ⅓ de liqueur de café kahlúa et ⅓ de Baileys® dans un verre à shot. Buvez à la paille, en commançant par le bas.

T-52

Superposez ⅓ de liqueur de café kahlúa, ⅓ de tequila rose et ⅓ de Grand Marnier® dans un verre à shot. Flambez le Grand Marnier® avant de boire, à la paille, en commençant par le bas.

B-53

Superposez ⅓ de liqueur de café kahlúa, ⅓ de Baileys® et ⅓ de vodka dans un verre à shot. Faites flamber la vodka avant de boire, à la paille, en commençant par le bas.

B-52

PRÉPARATION : 2 min POUR 1 cocktail

⅓ de liqueur de café kahlúa • ⅓ de Baileys® • ⅓ de Grand Marnier®

1 À l'aide d'une cuillère à mélange, superposez délicatement les 3 ingrédients, dans l'ordre indiqué ci-dessus, dans un verre à shot.

2 Servez aussitôt.

Remarque : le B-52 se déguste à l'aide d'une paille, en commençant par le bas.

POUR VARIER…

BACARDI HIGHBALL
Mettez 4/10 de rhum Bacardi®, 4/10 de Cointreau®, 2/10 de jus de citron et des glaçons dans un shaker. Frappez puis passez dans un verre tumbler. Complétez avec de la limonade.

MARY PICKFORD
Mettez 5/10 de rhum Bacardi®, 4/10 de jus d'ananas, 1/10 de sirop de grenadine et des glaçons dans un shaker. Frappez puis passez dans un verre à cocktail.

TOASTS DE CONCOMBRE À LA BROUSSE
Coupez 1 concombre en rondelles. Mélangez 250 g de brousse, 2 c. à s. de miel liquide et 2 c. à c. d'origan séché. Déposez 1 c. à c. de ce mélange sur chaque rondelle. Servez avec le cocktail.

TOASTS DE CONCOMBRE AUX ŒUFS DE SAUMON
Coupez 1 concombre en rondelles. Sur chaque rondelle, déposez 1 c. à c. de crème fraîche épaisse, 1 c. à c. d'œufs de saumon et 1 brin d'aneth. Servez avec le cocktail.

BACARDI

PRÉPARATION : **2 min** POUR **1 cocktail**

glaçons • 6/10 de rhum Bacardi® • 3/10 de jus de citron • 1/10 de sirop de grenadine

1 Remplissez un shaker à moitié de glaçons.

2 Versez tous les autres ingrédients dans le shaker.

3 Frappez et passez le mélange dans un verre à cocktail ou un verre à whisky.

4 Servez aussitôt.

POUR VARIER...

FIVE DOMINOS

Mettez 4/10 de rhum blanc, 3/10 de lait de coco, 3/10 de crème de banane et des glaçons dans un shaker. Frappez puis passez dans une coupe.

FIZZI

Mettez 3/10 de rhum blanc, 2/10 de crème de banane, 1/10 de curaçao bleu, 4/10 de jus d'ananas et des glaçons dans un shaker. Frappez et passez dans un verre tumbler.

CHIPS DE BANANE PLANTAIN

Coupez 3 bananes plantains pelées en très fines rondelles. Plongez-les dans un bain d'huile et retirez-les à l'aide d'une écumoire dès qu'elles sont dorées. Laissez refroidir et salez. Servez avec le cocktail.

CREVETTES MARINÉES À L'AIL

Mettez 24 crevettes cuites décortiquées dans un saladier avec 4 gousses d'ail hachées, du sel, du poivre et 4 c. à s. d'huile d'olive pimentée. Laissez mariner pendant 4 h. Servez avec le cocktail.

BAHAMAS

PRÉPARATION : **2 min** POUR **1 cocktail**

glaçons • 3/10 de rhum blanc • 3/10 de Southern Comfort • 3/10 de jus de citron • 1/10 de crème de banane

1 Remplissez un shaker à moitié de glaçons.

2 Versez tous les autres ingrédients dans le shaker.

3 Frappez et passez le mélange dans un verre à cocktail.

4 Servez aussitôt.

Déco : vous pouvez décorer le verre de 1 ou 2 rondelles de banane.

BELLINI

PRÉPARATION : 2 min POUR 6 personnes

3 ou 4 pêches bien mûres • 2 c. à c. de sirop de sucre de canne • 1 bouteille de champagne frais

1 Pelez les pêches. Retirez les noyaux et écrasez la chair en purée.

2 Mettez la purée de pêches dans un saladier et ajoutez le sirop de sucre de canne. Mélangez.

3 Versez le champagne dans le saladier et mélangez.

4 Répartissez le mélange dans 6 coupes à champagne.

5 Servez aussitôt.

POUR VARIER…

BELLA JULIA

Versez 2 cl de vodka, 0,5 cl de crème de pêche et 0,5 cl de sirop de grenadine dans une flûte. Complétez avec du champagne.

CALYPSO

Versez 3 cl de jus d'ananas, 2 cl de rhum blanc et 0,5 cl de sirop de grenadine dans une flûte. Complétez avec du champagne.

HUÎTRES GRATINÉES AU CHAMPAGNE

Ouvrez 24 huîtres. Faites revenir 2 échalotes émincées avec du beurre. Ajoutez l'eau des huîtres, faites bouillir puis laissez réduire. Ajoutez 2 c. à s. de crème fraîche, 50 g de gruyère râpé et 1 jaune d'œuf. Versez 2 c. à s. de mélange dans chaque huître. Faites dorer sous le gril. Servez avec le cocktail.

PÉTONCLES AU PAVOT

Passez 24 noix de pétoncle dans de la farine puis dans des graines de pavot. Faites-les cuire à la poêle avec un peu de beurre, pendant 1 min sur chaque face. Servez sur des piques, avec le cocktail.

BETWEEN THE SHEETS

PRÉPARATION : 2 min POUR 1 cocktail

glaçons • 2/10 de cognac • 2/10 de rhum blanc • 2/10 de Cointreau® • 4/10 de jus d'orange

1 Remplissez à moitié un shaker de glaçons.

2 Ajoutez tous les autres ingrédients et frappez.

3 Versez le mélange dans un verre à cocktail.

4 Servez aussitôt.

Déco : vous pouvez décorer le verre avec 1 tranche d'orange ou 1 torsade de zeste d'orange.

POUR VARIER…

BETWEEN THE SHEETS AU CARAMEL

Remplacez le jus d'orange par 2/10 de jus de citron et 2/10 de sauce caramel.

BETWEEN THE SHEETS AU CURAÇAO

Utilisez 3/10 de cognac, 3/10 de rhum blanc, 2/10 de curaçao blanc et 2/10 de jus de citron.

SANDWICHS DE CRACKERS AU ROQUEFORT

Écrasez 100 g de roquefort avec 10 cl de crème fraîche épaisse. Déposez 1 ou 2 c. à s. du mélange sur 1 cracker et recouvrez d'un autre cracker. Renouvelez l'opération. Servez avec le cocktail.

BROCHETTES DE MOULES AUX POIVRONS

Faites revenir ½ poivron rouge et ½ poivron vert coupés en lamelles à la poêle pendant 15 min. Enfilez sur des piques à cocktail 1 lamelle de poivron rouge, 1 moule cuite et 1 lamelle de poivron vert. Renouvelez l'opération. Servez avec le cocktail.

POUR VARIER…

VIRGIN MARY

Pour une version sans alcool, supprimez simplement la vodka et ajoutez 1 trait de jus de citron.

BLOODY MARIA

Remplacez la vodka par de la tequila. Ajoutez 2 c. à c. de sherry

RED SNAPPER

Remplacez la vodka par du gin.

TOMATES COCKTAIL FARCIES AU THON

Mélangez 120 g de fromage de type Carré frais® avec 100 g de miettes de thon au naturel et 4 brins de ciboulette ciselés. Coupez un chapeau à 16 tomates cocktail et retirez la pulpe. Garnissez les tomates de la préparation. Recouvrez des chapeaux.

BLOODY MARY

PRÉPARATION : **2 min** POUR **1 cocktail**

glaçons • 2/10 de vodka • 8/10 de jus de tomate • 1 trait de sauce Worcestershire • 1 ou 2 gouttes de Tabasco® • 1 pincée de sel de céleri • ¼ de branche de céleri • 1 ou 2 tomates cerises

1 Mettez quelques glaçons dans un verre à mélange.

2 Versez la vodka, le jus de tomate, la sauce Worcestershire, le Tabasco® et le sel de céleri dans le verre puis remuez à l'aide d'une cuillère à mélange.

3 Passez le mélange dans un verre tumbler.

4 Décorez le verre avec la branche de céleri et la ou les tomates cerises.

5 Servez aussitôt.

Remarque : ce cocktail doit son nom à Marie Tudor, dite Marie la Sanglante (Bloody Mary), connue pour avoir persécuté les protestants au XVIe siècle.

POUR VARIER…

BUBBLE BLUE LAGOON

Réduisez les quantités de chaque ingrédient liquide et complétez le verre avec de l'eau gazeuse.

ANTILLAISE

Mettez quelques glaçons, 1/10 de vodka, 1/10 de curaçao bleu et 8/10 de jus d'ananas dans un verre à mélange. Remuez et passez dans un verre à cocktail.

BROCHETTES MOZZARELLA-MANGUE-CREVETTES

Alternez sur des piques 1 morceau de mozzarella, 1 morceau de mangue et 1 crevette cuite décortiquée. Servez avec le cocktail.

CRÈME D'ASPERGES

Mixez le contenu de 1 boîte d'asperges blanches. Mélangez avec 1 c. à s. de crème fraîche, ½ c. à c. de moutarde forte, 1 pincée de curcuma et 1 c. à c. de farine. Étalez la crème sur des blinis et faites dorer sous le gril. Servez avec le cocktail.

BLUE LAGOON

PRÉPARATION : **2 min** POUR **1 cocktail**

glaçons • 6/10 de vodka • 1/10 de curaçao bleu • 3/10 de jus de citron

1 Mettez quelques glaçons dans un shaker.

2 Versez tous les autres ingrédients dans le shaker.

3 Frappez et passez le mélange dans un verre à cocktail.

4 Servez aussitôt.

Déco : vous pouvez décorer le verre de 1 rondelle de citron vert.

POUR VARIER...

ALEXANDER

Remplacez le cognac par du gin. Utilisez de la crème fraîche légère.

FROZEN ALEXANDER

Remplacez la crème fraîche par de la crème glacée à la vanille. Mixez le tout et servez rapidement.

ALEXANDER BABY

Remplacez le cognac par du rhum blanc. Parsemez le cocktail de noix de muscade râpée.

TARTINADE AUX ÉPINARDS

Mélangez 300 g d'épinards cuits et égouttés avec 3 gousses d'ail hachées, 250 g de ricotta et 3 c. à s. de mayonnaise. Servez sur des muffins coupés en deux, avec le cocktail.

BRANDY ALEXANDER

PRÉPARATION : **2 min** POUR **1 cocktail**

glace pilée • 4/10 de cognac • 3/10 de crème de cacao • 3/10 de crème fraîche liquide • flocons de chocolat, pour décorer

1 Mettez un peu de glace pilée dans un shaker.

2 Ajoutez les autres ingrédients dans le shaker.

3 Frappez et passez le mélange dans un verre à cocktail.

4 Parsemez de flocons de chocolat.

5 Servez aussitôt.

BRANDY SOUR

PRÉPARATION : 2 min **POUR** 1 cocktail

glaçons • 7/10 de cognac • 3/10 de jus de citron • 1 trait de sirop de sucre de canne

1 Remplissez un shaker à moitié de glaçons.

2 Versez les autres ingrédients dans le shaker.

3 Frappez et passez le mélange dans un petit verre tumbler.

4 Servez aussitôt.

Déco : vous pouvez décorer le verre de 1 rondelle de citron.

POUR VARIER…

BRANDY SOUR AU CARAMEL

Remplacez le sirop de sucre de canne par de la sauce au caramel.

WHISKY SOUR

Remplacez le cognac par du bourbon. Ajoutez 1 trait d'Angostura® bitter.

FEUILLETÉS À LA TAPENADE

Découpez des carrés dans 1 rouleau de pâte feuilletée. Déposez 1 ou 2 c. à c. de tapenade sur chaque carré et repliez les bords sur la farce. Faites cuire au four préchauffé à 210 °C de 10 à 15 min. Servez chaud, avec le cocktail.

BOUCHÉES DE POMMES DE TERRE AU CHORIZO

Rincez 24 tranches de pomme de terre cuites sous vide. Formez des minisandwichs en intercalant 1 rondelle de chorizo entre 2 tranches de pomme de terre. Servez avec le cocktail.

BRONX

PRÉPARATION : 2 min POUR 1 cocktail

glaçons • 4/10 de gin • 2/10 de jus d'orange • 2/10 de vermouth rouge • 2/10 de vermouth blanc sec

1 Remplissez un shaker à moitié de glaçons.

2 Versez tous les autres ingrédients dans le shaker.

3 Frappez et passez le mélange dans un verre à cocktail.

4 Servez aussitôt.

POUR VARIER…

ABBEY

Mettez 3/10 de jus d'orange, 3/10 de gin, 3/10 de vermouth rouge, 1/10 d'Angostura® bitter et des glaçons dans un shaker. Frappez et passez dans un verre à cocktail.

LENA

Mettez 5/10 de whisky, 2/10 de vermouth rouge, 1/10 de vermouth blanc, 1/10 d'Angostura® bitter, 1/10 de liqueur Galliano® et des glaçons dans un verre à mélange. Remuez et passez dans un verre à cocktail.

CHIPS DE BETTERAVE

Taillez 1 betterave en très fines lamelles et arrosez-les de jus de citron. Déposez-les sur une plaque et faites cuire pendant 3 h au four préchauffé à 100 °C. Laissez refroidir et salez. Servez avec le cocktail.

ENDIVES AU CHÈVRE

Écrasez 150 g de fromage de chèvre frais avec 3 c. à s. de carottes râpées et 1 c. à s. de pignons de pin grillés. Garnissez-en des feuilles d'endive. Servez avec le cocktail.

CAIPIRINHA

PRÉPARATION : 2 min **POUR** 1 cocktail

1 citron vert • 2/10 de sirop de sucre de canne • glace pilée • 8/10 de cachaça

1 Coupez le citron en quartiers.

2 Mettez-les dans un verre à whisky avec le sirop de sucre de canne et pilez.

3 Remplissez le verre de glace pilée puis ajoutez la cachaça.

4 Remuez et ajoutez de la glace pilée si vous le souhaitez.

5 Servez aussitôt.

Remarque : la cachaça, l'ingrédient de base de la caipirinha, est la boisson nationale du Brésil. Il en existe plus de 4 000 marques différentes.

POUR VARIER…

BLACKBERRY CAIPIRINHA

Utilisez seulement 1/10 de sirop de sucre de canne et 6/10 de cachaça. Complétez avec 3/10 de liqueur de mûre.

CAIPIROSKA

Remplacez la cachaça par de la vodka.

CAIPIROSKA KIWI

Remplacez la cachaça par de la vodka et ajoutez 2 c. à c. de schnaps au kiwi. Ajoutez 1 kiwi pelé et coupé en dés dans le verre.

CAIPIRUVA

Ajoutez 4 grains de raisin blanc sans pépins dans le verre avec les quartiers de citron et le sirop de sucre de canne.

POUR VARIER…

BLOODY TONIC

Utilisez la vodka et le jus de canneberge à proportions égales. Remplacez l'eau gazeuse par du tonic.

HAKIM

Mettez 5/10 de vodka, 5/10 de liqueur de litchi et quelques glaçons dans un shaker. Frappez puis passez dans un verre à cocktail. Complétez avec du jus de canneberge.

CAVIAR D'ARTICHAUT

Mixez 400 g de cœurs d'artichaut avec 40 g d'olives vertes dénoyautées, 50 g de parmesan râpé et 1 c. à s. de jus de citron. Salez. Répartissez sur des tranches de pain de campagne grillées. Servez avec le cocktail.

AIGUILLETTES DE CANARD AU COMTÉ

Faites cuire rapidement 12 aiguillettes de canard à la poêle, avec un peu d'huile. Enroulez chaque aiguillette autour de 1 cube de comté. Maintenez avec des piques. Servez avec le cocktail.

CAPE CODDER

PRÉPARATION : 2 min POUR 1 cocktail

glaçons • 4/10 de vodka • 6/10 de jus de canneberge • le jus de ½ citron • eau gazeuse

1 Mettez quelques glaçons dans un verre tumbler.

2 Versez la vodka, le jus de canneberge et le jus de citron puis remuez à l'aide d'une cuillère à mélange.

3 Complétez avec de l'eau gazeuse.

4 Servez aussitôt.

CHAMPAGNE COCKTAIL

PRÉPARATION : 2 min POUR 1 cocktail

1 morceau de sucre • quelques gouttes d'Angostura® bitter • 2 cl de cognac • champagne frais

1 Mettez le morceau de sucre dans une coupe à champagne et imbibez-le d'Angostura® bitter.

2 Ajoutez le cognac et complétez avec du champagne.

3 Servez aussitôt.

Déco : vous pouvez décorer le verre de 1 tranche d'orange.

POUR VARIER…

CHAMPAGNE FRAISE

Remplacez le morceau de sucre par 1 c. à c. de sirop de sucre de canne. Remplacez l'Angostura® bitter par 2 cl de liqueur de fraise. Utilisez seulement 1 cl de cognac.

PIN-UP

Remplacez le sucre et l'Angostura® bitter par 3 cl de liqueur de poire.

RITZ

Remplacez le sucre et l'Angostura® bitter par 2 cl de jus d'orange et 2 cl de Cointreau®.

BOUCHÉES À LA POLENTA

Mélangez 250 g de polenta cuite avec 50 g d'olives vertes taillées en rondelles. étalez le mélange dans un plat sur 1 cm d'épaisseur et découpez des disques à l'emporte-pièce. Déposez sur chacun 1 anchois, 1 tomate séchée et 1 olive verte. Servez avec le cocktail.

CHAMPAGNE JULEP

PRÉPARATION : 3 min **POUR** 1 cocktail

quelques feuilles de menthe fraîche • 1 c. à s. de sucre en poudre • champagne frais

1 Rincez les feuilles de menthe et épongez-les. Conservez-en quelques-unes pour la décoration.

2 Écrasez les autres avec le sucre en poudre.

3 Versez le tout dans une flûte à champagne et complétez avec du champagne.

4 Décorez avec les feuilles de menthe restantes.

5 Servez aussitôt.

POUR VARIER…

CHAMPAGNE JULEP HIVERNAL

Hors saison, remplacez les feuilles de menthe par quelques gouttes de liqueur de menthe blanche.

ROYAL JULEP

Versez 4 cl de whisky dans la flûte et remuez avant d'ajouter le champagne.

CHIPS À LA CREVETTE AU SAUMON

Coupez 300 g de pavé de saumon très frais en tout petits dés. Faites-les mariner avec 2 c. à s. de jus de citron, 2 c. à s. d'huile d'olive, 5 brins d'aneth ciselés, du sel et du poivre. Répartissez le mélange sur des chips à la crevette. Servez avec le cocktail.

BOUCHÉES D'AUBERGINE FARCIES

Décongelez 12 tranches d'aubergine grillées surgelées. Déposez sur chacune 1 morceau de mimolette. Roulez les tranches autour de la farce et maintenez avec des piques. Faites dorer sous le gril. Servez avec le cocktail.

COSMOPOLITAN

PRÉPARATION : **2 min** POUR **1 cocktail**

quelques glaçons concassés • 4/10 de vodka • 2/10 de Cointreau® • 4/10 de jus de canneberge • le jus de ½ citron vert • 1 rondelle de citron

1 Mettez les glaçons concassés dans un shaker.

2 Ajoutez la vodka, le Cointreau®, le jus de canneberge et le jus de citron vert.

3 Frappez et passez le mélange dans un verre à cocktail.

4 Décorez avec la rondelle de citron.

5 Servez aussitôt.

POUR VARIER...

COSMO CRÉOLE

Remplacez la vodka et le Cointreau® par 5/10 de rhum blanc. Utilisez 5/10 de jus de canneberge pour compléter.

MISS KITTIN

Utilisez 5/10 de vodka et 2/10 de jus de canneberge. Remplacez le Cointreau® par 2/10 de liqueur de pêche et le jus de citron vert par 1/10 de sirop de rose.

RILLETTES DE SARDINE

Mixez ensemble 4 petits oignons, 2 gousses d'ail, 3 brins de persil, 3 brins de coriandre et le contenu de 2 boîtes de sardines sans arêtes. Mélangez avec 250 g de fromage frais. Servez en accompagnement de crudités, avec le cocktail.

VERRINES MINUTE

Remplissez des verrines à moitié de guacamole, à moitié de tarama. Décorez de 1 brin de persil. Servez avec le cocktail.

POUR VARIER...

WHISKY COCA

Utilisez 5/10 de whisky et 5/10 de Coca-Cola®. Versez le tout dans un verre tumbler.

CCC

Utilisez 4/10 de whisky, 4/10 de Coca-Cola® et 2/10 de jus de citron. Servez dans un verre à cocktail.

CHIPS DE BACON AUX ASPERGES

Répartissez 12 tranches de bacon sur une plaque et faites-les griller sous le gril pendant 15 min, en les retournant à mi-cuisson. Déposez sur chacune 2 miniasperges blanches déjà cuites. Servez avec le cocktail.

CROSTINI DE GORGONZOLA AUX CREVETTES

Coupez 12 tranches de pain de campagne. Déposez sur chacune 1 morceau de gorgonzola et 1 crevette cuite décortiquée. Faites dorer sous le gril jusqu'à ce que le fromage fonde. Servez chaud, avec le cocktail.

CUBA LIBRE

PRÉPARATION : 2 min POUR 1 cocktail

glaçons • 3/10 de rhum blanc • 7/10 de Coca-Cola® • le jus de ½ citron vert • 1 citron vert

1 Remplissez un grand verre à moitié de glaçons.

2 Versez les ingrédients liquides dans le verre.

3 Remuez bien.

4 Coupez le citron vert en quartiers. Mettez-en trois dans le verre et décorez le bord du verre avec le dernier.

5 Servez aussitôt.

Remarque : le Cuba libre fut créé à l'occasion de l'indépendance de l'île de Cuba face aux États-Unis en 1902.

DAIQUIRI

PRÉPARATION : 2 min POUR 1 cocktail

glaçons • 5/10 de rhum Bacardi® • 3/10 de jus de citron vert • 2/10 de sirop de sucre de canne

1 Remplissez un shaker à moitié de glaçons.

2 Versez tous les ingrédients dans le shaker.

3 Frappez puis passez le mélange dans un verre à cocktail.

4 Servez aussitôt.

POUR VARIER...

DAIQUIRI FRAISE

Mettez 3 fraises coupées en morceaux dans un shaker avec 1 trait de sirop de fraise et écrasez au pilon. Ajoutez des glaçons, 5/10 de rhum ambré et 5/10 de jus de citron vert. Frappez et passez dans un verre à cocktail.

DAIQUIRI FRAISE À LA MENTHE

Reprenez la recette ci-dessus et ajoutez 6 feuilles de menthe dans le shaker en même temps que les fraises et le sirop de fraise.

DAIQUIRI BANANE

Remplacez le sirop de sucre de canne par de la liqueur de banane. Mettez-la dans un shaker avec 1 banane pelée et coupée en rondelles. Pilez puis poursuivez la recette.

CANAPÉS AU ROQUEFORT

Faites griller des tranches de pain de seigle et tartinez chacune de roquefort. Ajoutez 1 raisin blanc sur chaque toast. Servez avec le cocktail.

EGGNOG

PRÉPARATION : 2 min CUISSON : 5 min POUR 1 cocktail

7/10 de lait • 1 jaune d'œuf • 3/10 de cognac • 1 pincée de cannelle moulue

1 Mettez le lait dans une casserole et portez à ébullition.

2 Versez-le dans un verre à whisky ou dans un verre à anse et ajoutez le jaune d'œuf, le cognac et la cannelle.

3 Remuez à l'aide d'une cuillère à mélange.

4 Servez aussitôt.

POUR VARIER…

EGGNOG AU RHUM AMBRÉ

Remplacez le cognac par la même quantité de rhum ambré.

BRANDY EGGNOG

Versez 4/10 de cognac, 6/10 de lait frais, 1 c. à s. de sucre en poudre et 1 jaune d'œuf dans un shaker à moitié rempli de glaçons. Frappez puis passez dans un verre tumbler. Saupoudrez de noix de muscade râpée.

WHISKY EGGNOG

Versez 7/10 de whisky, 3/10 de lait frais, 1 œuf entier et 1 c. à s. de sucre en poudre dans un shaker à moitié rempli de glaçons. Frappez puis passez dans un verre tumbler.

SCONES

Pétrissez ensemble 100 g de beurre ramolli avec 90 g de sucre en poudre, 240 g de farine, ½ sachet de levure chimique et 1 œuf. Formez 20 galettes. Déposez sur une plaque et faites cuire au four préchauffé à 180 °C pendant 20 min. Servez avec le cocktail.

FÉE VERTE

PRÉPARATION : **2 min** **POUR** **1 cocktail**

$^3/_{10}$ d'absinthe • 1 morceau de sucre • $^7/_{10}$ d'eau glacée

1 Versez l'absinthe dans un verre à pied.

2 Placez le sucre sur une cuillère à absinthe ou, à défaut, sur une petite cuillère.

3 Déposez la cuillère sur le verre.

4 Versez l'eau glacée goutte à goutte sur la cuillère.

5 Servez aussitôt.

Remarque : accusée de causer de graves intoxications, « l'absinthe qui rend fou » fut interdite à la consommation en France en 1915. Il s'agissait en réalité plus de lutter contre l'alcoolisme en général que contre l'absinthe elle-même. Depuis 1988, la production est de nouveau autorisée. Depuis 1999, les taux de certains composants sont toutefois réglementés.

POUR VARIER…

FÉE VERTE FLAMBÉE

Placez d'abord la cuillère et le sucre sur le verre puis versez l'absinthe par-dessus. Faites flamber avant d'ajouter l'eau glacée.

EARTHQUAKE

Mettez $^5/_{10}$ d'absinthe, $^5/_{10}$ de cognac et des glaçons dans un shaker. Frappez et passez le mélange dans un verre à vin, en retenant les glaçons.

TUILES À L'ANIS

Mélangez 130 g de sucre en poudre, 80 g de farine, 2 œufs, 20 g de beurre ramolli et 4 c. à s. de grains d'anis. Laissez reposer puis déposez des petits tas de pâte plats sur une plaque. Faites cuire au four préchauffé à 180 °C pendant 10 min. Dès la sortie du four, déposez les tuiles sur une bouteille. Servez avec le cocktail.

TUILES À LA NOIX DE COCO

Reprenez la recette ci-dessus et remplacez 30 g de sucre en poudre et 20 g de farine par 50 g de noix de coco râpée. Servez avec le cocktail.

FLAMINGO

PRÉPARATION : **2 min** POUR **1 cocktail**

glaçons • 6/10 de vodka • 4/10 de Campari® • champagne frais

1 Remplissez un shaker à moitié de glaçons.

2 Versez la vodka et le Campari® dans le shaker.

3 Frappez et passez dans une flûte à champagne.

4 Complétez avec du champagne.

5 Servez aussitôt.

POUR VARIER...

CARIBOU MARTINI

Supprimez le Campari®. Utilisez de la vodka et du champagne à parts égales. Servez dans un verre à cocktail.

ROSA TULPEN

Remplacez le Campari® par de la liqueur de cerise, à hauteur de 3/10. Complétez avec 3/10 de vodka et 4/10 de champagne. Servez dans une flûte.

TOASTS DE PAIN D'ÉPICE À LA TRUITE FUMÉE

Faites griller 8 tranches de pain d'épice. Coupez-les en trois. Déposez sur chaque morceau 1 lanière de truite fumée, 1 c. à c. de crème fraîche épaisse et ajoutez quelques baies roses. Servez avec le cocktail.

FRITES DE POTIRON

Taillez 800 g de potiron en bâtonnets. Faites-les blanchir à l'eau puis faites-les dorer à la poêle avec de l'huile de tournesol. Servez les frites chaudes, avec le cocktail.

POUR VARIER…

GIN AND IT

Utilisez $^6/_{10}$ de gin et $^4/_{10}$ de vermouth rouge. Remplacez les oignons par 1 cerise confite.

HANKY-PANKY

Utilisez $^5/_{10}$ de gin et $^5/_{10}$ de vermouth rouge. Supprimez les oignons. Ajoutez 2 traits de Fernet-Branca®.

HOUMOUS ROUGE

Mixez 250 g de pois chiches déjà cuits avec un peu d'eau, 1 gousse d'ail, ½ betterave rouge et 2 c. à s. d'huile de sésame. Salez et poivrez. Tartinez sur des morceaux de pain pita. Servez avec le cocktail.

MINIPIZZAS À LA COPPA ET À LA ROQUETTE

Découpez 8 disques dans 1 rouleau de pâte à pizza. Badigeonnez chacun de coulis de tomates, ajoutez 1 morceau de coppa et 1 morceau de mozzarella. Faites cuire au four préchauffé à 180 °C pendant 10 min. Parsemez de feuilles de roquette et servez avec le cocktail.

GIBSON

PRÉPARATION : **1 min** POUR **1 cocktail**

glaçons • $^8/_{10}$ de gin • $^2/_{10}$ de vermouth sec • 1 ou 2 petits oignons

1 Mettez quelques glaçons dans un verre à mélange.

2 Versez le gin et le vermouth dans le verre.

3 Remuez à l'aide d'une cuillère à mélange et passez aussitôt dans un verre à cocktail.

4 Ajoutez le ou les oignons dans le verre.

5 Servez aussitôt.

POUR VARIER…

GIN KASS

Remplacez le jus de citron, le sucre et l'eau gazeuse par une boisson gazeuse à l'orange, au citron ou au citron vert.

PERFECT GIN FIZZ

Utilisez 5/10 de gin, 3/10 de jus de citron et remplacez le sucre en poudre par 2/10 de sirop d'agave.

MINIFEUILLETÉS À LA FETA

Découpez des carrés dans 1 rouleau de pâte feuilleté. Déposez sur chacun 1 morceau de feta, 1 feuille de basilic et 1 feuille de menthe. Repliez les bords de la pâte sur la farce. Faites cuire au four préchauffé à 210 °C pendant 10 min. Servez avec le cocktail.

BILLES DE MELON AU JAMBON

Prélevez la chair de 1 melon en formant des billes. Enroulez chacune dans ¼ de tranche de jambon de Bayonne. Maintenez avec 1 pique. Servez avec le cocktail.

GIN FIZZ

PRÉPARATION : **2 min** POUR **1 cocktail**

glaçons • 7/10 de gin • 3/10 de jus de citron • 1 c. à c. de sucre en poudre • eau gazeuse • 1 rondelle de citron

1 Remplissez un shaker à moitié de glaçons.

2 Versez le gin, le jus de citron et le sucre dans le shaker.

3 Frappez longuement puis passez dans un grand verre tumbler.

4 Complétez avec de l'eau gazeuse.

5 Mettez la rondelle de citron dans le verre.

6 Servez aussitôt.

GIN TONIC

PRÉPARATION : 2 min POUR 1 cocktail

glaçons • 3/10 de gin • 7/10 de tonic • 2 ou 3 rondelles de citron vert

1 Mettez quelques glaçons dans un grand verre.

2 Versez le gin et le tonic dans le verre.

3 Remuez légèrement puis ajoutez les rondelles de citron vert.

4 Servez aussitôt.

Remarque : au XVIIe siècle, le « tonic », était à base de quinine. Le gin tonic servait donc de remède contre la malaria dans les colonies britanniques.

POUR VARIER…

LADY SMILE

Mettez 3/10 de gin, 3/10 de tonic, 2/10 d'Angostura® bitter, 1/10 de jus de citron, 1/10 de jus d'orange et des glaçons dans un shaker. Frappez et passez dans un verre à cocktail.

OASIS

Mettez 6/10 de gin, 3/10 de curaçao bleu, 1/10 de sirop de sucre de canne et des glaçons dans un verre tumbler. Remuez et complétez avec du tonic.

ŒUFS DURS SURPRISES

Faites durcir 6 œufs. Écalez-les, coupez-les en deux et retirez le jaune. Écrasez-le avec 15 feuilles de persil plat. Garnissez les demi-blancs d'œufs du mélange. Passez les œufs farcis dans du jaune d'œuf puis faites-les frire à la poêle. Servez avec le cocktail.

BROCHETTES DE POIRES AU BLEU

Alternez sur des piques 1 morceau de poire, 1 morceau de bleu d'Auvergne, 1 morceau de poire. Servez avec le cocktail.

GODFATHER

PRÉPARATION : 2 min POUR 1 cocktail

glaçons • 7/10 de scotch whisky • 3/10 d'amaretto • 1 tranche de citron (facultatif)

1 Mettez quelques glaçons dans un verre à whisky.

2 Versez le scotch whisky et l'amaretto dans le verre.

3 Remuez bien, à l'aide d'une cuillère à mélange.

4 Ajoutez, éventuellement, la tranche de citron.

5 Servez aussitôt.

POUR VARIER…

GODMOTHER

Remplacez le scotch whisky par de la vodka.

GODCHILD

Supprimez le scotch whisky. Utilisez ⅓ de vodka, ⅓ d'amaretto et ⅓ de crème fraîche.

CRÈME AU SOJA

Mélangez 250 g de fromage frais avec 1 carotte rapée, 100 g de germes de soja, 1 c. à s. de sauce soja et 50 g de noisettes concassées. Proposez des dips de légumes crus pour accompagner. Servez avec le cocktail.

CROSTINI DE BRIE À LA POMME

Faites griller des tranches de pain de campagne coupées en quatre. Déposez sur chaque morceau 1 cube de brie et 1 lamelle de pomme. Faites dorer sous le gril puis servez avec le cocktail.

POUR VARIER…

HAPPY THOUGHT

Mettez dans un verre à cocktail 1 cl de crème de menthe verte, 1 cl de crème de cacao, 1 cl de crème de violette, 1 cl de crème de rose, 1 cl d'anisette et 1 cl de cognac. Remuez.

AFTER EIGHT

Superposez dans un verre à shot 1/3 de Baileys®, 1/3 de crème de cacao blanche et 1/3 de crème de menthe blanche.

CANAPÉS DE CONCOMBRE À LA MENTHE

Mélangez 50 g de fromage frais avec le jus de 1 citron, 1 gousse d'ail hachée et 10 feuilles de menthe ciselées. Répartissez le mélange sur des rondelles de concombre.

BRICKS DE LÉGUMES AU CURCUMA

Taillez 2 courgettes, 2 carottes et 1 navet en julienne. Faites revenir à la poêle pendant 10 min avec 1 c. à c. de curcuma et de l'huile d'olive. Garnissez des demi-feuilles de brick de 1 c. à s. de mélange. Pliez en triangles. Faites cuire au four préchauffé à 180 °C de 10 à 15 min.

GRASSHOPPER

PRÉPARATION : **2 min** POUR **1 cocktail**

glaçons • 3/10 de crème de cacao blanche • 3/10 de crème de menthe verte • 4/10 de crème fraîche liquide

1 Remplissez un shaker à moitié de glaçons.

2 Versez tous les autres ingrédients dans le shaker.

3 Frappez et passez le mélange dans un verre à pied.

4 Servez aussitôt.

GROG

PRÉPARATION : 2 min **CUISSON :** 5 min **POUR** 1 cocktail

15 cl d'eau • 5 cl de rhum blanc • 1 morceau de sucre • 2 cl de jus de citron • 1 bâton de cannelle

1 Faites bouillir l'eau dans une casserole.

2 Dans une autre casserole, versez tous les ingrédients et allongez le mélange avec l'eau bouillante.

3 Versez dans un verre à anse.

4 Faites flamber rapidement.

5 Servez aussitôt.

Remarque : un proverbe anglais déclare que « si le grog ne tue pas le microbe, il lui fait passer un sale moment ». à consommer avec modération cependant.

POUR VARIER…

GROG À LA VANILLE

Ajoutez 1 gousse de vanille dans la casserole.

GROG ALSACIEN

Versez 4 cl de rhum ambré, 1 c. à c. de sucre en poudre, 1 clou de girofle, le jus de ½ citron et 2 cl de liqueur de bourgeon de sapin dans un verre à anse et complétez avec de l'eau bouillante. Saupoudrez de cannelle moulue.

ISLAND CREAM GROG

Versez 5 cl de rhum ambré, 15 cl d'eau bouillante et 1 c. à c. de sucre en poudre dans un verre à anse. Remuez. Déposez 1 c. à s. de crème fraîche par-dessus. Parsemez de noix de muscade râpée.

GROG AU CIDRE

Remplacez l'eau par du cidre. Supprimez le jus de citron.

HARVEY WALLBANGER

PRÉPARATION : **2 min** **POUR** **1 cocktail**

glaçons • 3/10 de vodka • 7/10 de jus d'orange • 2 c. à s. de liqueur Galliano®

1 Mettez quelques glaçons dans un grand verre tumbler.

2 Versez la vodka et le jus d'orange dans le verre.

3 Remuez à l'aide d'une cuillère à mélange puis ajoutez la liqueur Galliano® très délicatement.

4 Servez aussitôt.

Déco : vous pouvez décorer le verre de 1 tranche d'orange.

POUR VARIER…

BOSTON GOLD

Remplacez la liqueur Galliano® par de la crème de banane.

EL FANGO

Supprimez la liqueur Galliano®. Utilisez à proportions égales de la vodka, du jus d'orange et de la liqueur de fruit de la Passion. Servez dans un verre à cocktail.

BRASSMONKEY

Supprimez la liqueur Galliano®. Utilisez 2/10 de vodka, 2/10 de rhum blanc et 6/10 de jus d'orange.

BONBONS DE FOIE GRAS

Taillez 300 g de foie gras mi-cuit en cubes de 2 cm de côté et roulez-les pour former des billes. Passez-les dans des noisettes concassées. Servez avec le cocktail.

IRISH COFFEE

PRÉPARATION : 2 min **CUISSON :** 5 min **POUR** 1 cocktail

8/10 de café noir • 1 ou 2 sucres • 2/10 de whisky • crème fraîche liquide

1 Préparez un café noir ou réchauffez-en.

2 Ajoutez le ou les sucres.

3 Versez le café sucré dans un verre épais à pied ou dans un verre à anse puis ajoutez le whisky.

4 Nappez de crème liquide.

5 Servez aussitôt.

Déco : vous pouvez servir ce cocktail avec une paille.

POUR VARIER…

GREEN COFFEE

Versez 6/10 de café noir chaud très fort, 2/10 de Peppermint® et 2/10 de crème fraîche liquide dans un verre à anse. Nappez de chantilly.

BRANDY BLAZER

Versez 5/10 de café noir chaud, 3/10 de cognac, 2/10 de liqueur de café et 1 c. à c. de sucre en poudre dans un verre à anse au bord givré de sucre. Remuez, ajoutez 1 zeste d'orange et servez.

PALMIERS CHOCO-NOISETTES

Nappez 1 pâte feuilletée carrée de pâte à tartiner au chocolat et aux noisettes. Roulez 2 côtés opposés l'un vers l'autre. Découpez des palmiers. Faites cuire au four préchauffé à 180 °C pendant 20 min. Servez avec le cocktail.

PALMIERS À LA FRAISE

Reprenez la recette ci-dessus en remplaçant la pâte à tartiner par de la confiture de fraises.

POUR VARIER…

BLUE KAMIKAZE
Remplacez le Cointreau® par du curaçao bleu.

WINDEX
Utilisez 5/10 de vodka, 2/10 de Cointreau®, 2/10 de curaçao bleu et 1/10 de lime cordial.

MOULES PANÉES
Décoquillez des moules cuites au vin blanc. Passez-les dans un œuf battu puis dans de la chapelure agrémentée de cumin et de paprika. Faites cuire à la poêle avec un peu d'huile. Servez sur des piques, avec le cocktail.

TAPENADE VERTE
Mixez 100 g d'olives vertes dénoyautées avec 40 g de filets d'anchois, 60 g de câpres, 1 c. à c. de jus de citron et 15 cl d'huile d'olive. Servez sur des toasts, avec le cocktail.

KAMIKAZE

PRÉPARATION : **2 min** POUR **1 cocktail**

glaçons • 4/10 de vodka • 3/10 de Cointreau® • 3/10 de jus de citron

1 Remplissez un shaker à moitié de glaçons.

2 Versez tous les ingrédients dans le shaker.

3 Frappez rapidement puis passez le mélange dans un verre à shot.

4 Servez aussitôt.

POUR VARIER…

KIR BLEU
Remplacez la crème de framboise par du curaçao bleu. Décorez avec 1 cerise confite.

KIR AU CASSIS
Remplacez la crème de framboise par de la crème de cassis et le champagne par du bourgogne blanc aligoté bien frais.

KIR À LA PÊCHE
Remplacez la liqueur de framboise par de la liqueur de pêche. Vous pouvez aussi utiliser de la liqueur de châtaigne.

KIR NORMAND
Remplacez le champagne par du cidre.

KIR ROYAL

PRÉPARATION : **2 min** POUR **1 cocktail**

2/10 de crème de framboise • 8/10 de champagne frais • 1 framboise

1 Versez la crème de framboise dans une coupe à champagne et recouvrez de champagne.

2 Décorez avec la framboise.

3 Servez aussitôt.

Remarque : le Kir, dans sa version classique à base de bourgogne aligoté, doit son nom à Félix Kir, maire de Dijon après la Seconde Guerre mondiale. Celui-ci avait une telle habitude de consommer du blanc-cassis qu'on finit par associer son nom à la boisson. Félix Kir autorisa les liquoristes à utiliser son patronyme pour commercialiser le fameux cocktail.

LAIT DE POULE

PRÉPARATION : 2 min **CUISSON :** 5 min **POUR** 1 cocktail

7/10 de lait • 2/10 de rhum ambré • 1/10 d'extrait de vanille liquide • 1 jaune d'œuf • 1 c. à s. de sucre en poudre • 1 pincée de noix de muscade râpée

1 Faites bouillir le lait.

2 Versez-le dans un shaker et ajoutez le rhum, l'extrait de vanille, le jaune d'œuf et le sucre.

3 Agitez le shaker, en prenant soin de l'entourer d'un linge pour vous prémunir de la chaleur du métal.

4 Versez le mélange dans un verre à anse.

5 Parsemez de noix de muscade râpée.

6 Servez aussitôt.

POUR VARIER…

LAIT DE POULE À LA CANNELLE

Remplacez la noix de muscade râpée par 1 pincée de cannelle moulue.

LAIT DE POULE AU TILLEUL

Faites infuser 1 sachet de tilleul dans le lait pendant 5 min avant de poursuivre la recette.

SABLÉS À LA CANNELLE

Mélangez 250 g de beurre ramolli, 250 g de sucre en poudre, 2 œufs, 500 g de farine et 1 c. à c. de cannelle. Formez 1 boule et réservez au frais pendant 4 h. Déposez de petits tas de pâte sur une plaque. Faites cuire au four préchauffé à 180 °C pendant 10 min. Servez avec le cocktail.

SABLÉS À LA VANILLE

Reprenez la recette ci-dessus et remplacez la cannelle par 1 c. à c. d'extrait de vanille. Servez avec le cocktail.

POUR VARIER…

MAI TAI À L'AMARETTO
Remplacez le curaçao par de l'amaretto et supprimez le sirop d'orgeat.

MAI TAI À LA GRENADINE
Ajoutez 1 trait de sirop de grenadine, pour adoucir le goût du cocktail.

CAROTTES MARINÉES
Coupez 1 kg de carottes pelées en fins bâtonnets. Faites-les revenir à la poêle pendant 10 min en remuant. Ajoutez 4 gousses d'ail hachées, 1 c. à c. de sucre en poudre, 2 c. à s. de vinaigre et 1 pincée de piment rouge. Laissez mariner pendant 6 h. Servez avec le cocktail.

RILLETTES DE THON AU RADIS
Faites blanchir rapidement 10 radis roses. Taillez-les en tout petits dés. Mélangez avec 280 g de thon au naturel émietté et 4 c. à s. de fromage blanc. Servez sur des toasts, avec le cocktail.

MAI TAI

PRÉPARATION : **2 min** POUR **1 cocktail**

glace pilée • 2/10 de rhum blanc léger • 2/10 de rhum brun • 2/10 de curaçao orange • 2/10 de jus de citron vert • 1/10 de sirop d'orgeat • 1/10 de sirop de sucre de canne • 1 rondelle de citron vert • 1 brin de menthe

1 Remplissez un verre à whisky à moitié de glace pilée.

2 Versez le rhum blanc, le rhum brun, le curaçao, le jus de citron vert, le sirop d'orgeat et le sirop de sucre de canne dans le verre.

3 Remuez à l'aide d'une cuillère à mélange.

4 Décorez le verre avec la rondelle de citron vert et le brin de menthe.

5 Servez aussitôt.

MANHATTAN

PRÉPARATION : **2 min** POUR **1 cocktail**

glaçons • 7/10 de rye (ou, à défaut, de bourbon) • 3/10 de vermouth rouge • 1 trait d'Angostura® bitter • 1 cerise à l'eau-de-vie

1 Mettez quelques glaçons dans un verre à mélange.

2 Versez le rye, le vermouth et l'Angostura® bitter.

3 Remuez à l'aide d'une cuillère à mélange.

4 Passez dans un verre à cocktail.

5 Ajoutez la cerise à l'eau-de-vie dans le verre.

6 Servez aussitôt.

Remarque : la légende voudrait que ce cocktail ait été créé au Manhattan Club de New York à la demande de lady Randolph Churchill, la mère du célèbre Winston.

POUR VARIER…

PERFECT MANHATTAN

Utilisez seulement 6/10 de whisky et 2/10 de vermouth rouge. Complétez avec 2/10 de vermouth blanc.

CUBAN MANHATTAN

Remplacez le rye par du rhum cubain (Havana Club® ou Bacardi®).

MANHATTAN JULEP

Supprimez l'Angostura® bitter et la cerise à l'eau-de-vie. Ajoutez quelques feuilles de menthe fraîche et 1 c. à c. de sucre en poudre.

BARQUETTES PRINTANIÈRES

Taillez 4 branches de céleri en bâtonnets. Garnissez chacun de 1 c. à s. de fromage frais. Salez, parsemez de baies roses, d'alfalfa et de ciboulette. Servez avec le cocktail.

POUR VARIER…

FROZEN MARGARITA

Remplacez les glaçons par de la glace pilée et mixez-la avec tous les ingrédients liquides au blender. Servez dans un verre givré au sel.

STRAWBERRY MARGARITA

Utilisez 3/10 de tequila, 2/10 de Cointreau® et 1/10 de jus de citron. Complétez avec 2/10 de liqueur de fraise. Ajoutez 1 blanc d'œuf et 4 fraises. Mixez la préparation au blender.

GUACAMOLE

Écrasez à la fourchette la chair de 3 avocats avec 4 petits oignons blancs hachés, 1 bouquet de coriandre et 15 gouttes de Tabasco®. Servez sur des tortillas, avec le cocktail.

MINICROQUES

Répartissez 4 tranches de jambon blanc sur 4 tranches de pain de mie grillées. Ajoutez 8 tranches de cheddar, recouvrez de 4 autres tranches de pain grillées. Faites cuire au four préchauffé à 210 °C pendant 15 min. Coupez en dés et servez avec le cocktail.

MARGARITA

PRÉPARATION : **2 min** POUR **1 cocktail**

POUR LE COCKTAIL : glaçons • 6/10 de tequila • 3/10 de Cointreau® • 1/10 de jus de citron • 1 rondelle de citron vert

POUR LE VERRE : jus de citron • sel fin

1 Remplissez un shaker à moitié de glaçons.

2 Versez la tequila, le Cointreau® et le jus de citron dans le shaker puis frappez.

3 Givrez le bord du verre en l'humectant de jus de citron et en le recouvrant de sel fin.

4 Passez le mélange dans le verre.

5 Décorez avec la rondelle de citron vert.

6 Servez aussitôt.

MARTINI DRY

PRÉPARATION : 2 min **POUR** 1 cocktail

glaçons • 8/10 de gin • 2/10 de vermouth dry • 1 tranche de citron • 1 olive

1 Mettez quelques glaçons dans un verre à mélange.

2 Versez le gin et le vermouth dans le verre.

3 Remuez à l'aide d'une cuillère à mélange puis passez aussitôt dans un verre à cocktail.

4 Pressez la tranche de citron au-dessus du verre.

5 Placez l'olive dans le verre.

6 Servez aussitôt.

Remarque : ce cocktail célébrissime fut créé au Knickerbocker Hotel, à New York, en 1910.

POUR VARIER…

MARTINI SWEET

Remplacez le vermouth dry par du vermouth rouge, et l'olive par une cerise confite.

DIRTY MARTINI

Remplacez le gin par 5/10 de vodka et 3/10 de saumure (jus de conservation des olives en boîte ou en sachet).

EXTRA DIRTY MARTINI

Reprenez la recette ci-dessus et ajoutez 4 gouttes de sauce Worcestershire.

BOUCHÉES DE POULET À LA CONFITURE D'OIGNONS

Taillez 2 filets de poulet cuits en très fines tranches. Déposez sur chacune 1 c. à c. de confiture d'oignons. Enroulez les tranches de poulet sur la farce. Maintenez avec des piques. Servez avec le cocktail.

POUR VARIER…

MINT JULEP À LA LIQUEUR
À défaut de menthe fraîche, utilisez 1 c. à s. de liqueur de menthe blanche.

PASTIS JULEP
Remplacez le bourbon par 4 cl de pastis.

NUGGETS DE POULET
Coupez 4 filets de poulet en gros cubes. Passez chacun dans de l'œuf battu puis dans de la chapelure. Faites cuire à la poêle dans de l'huile chaude jusqu'à ce que les nuggets soient dorés. Servez chaud, avec le cocktail.

BILLES DE FROMAGE À LA MENTHE
Réalisez des billes à partir de 300 g de fromage frais de type Carré frais®. Passez les billes dans une assiette contenant de la menthe ciselée. Servez sur des piques, avec le cocktail.

MINT JULEP

PRÉPARATION : **2 min** POUR **1 cocktail**

quelques feuilles de menthe • 1 c. à c. de sucre en poudre • 6 cl de bourbon • glace pilée

1 Rincez les feuilles de menthe et épongez-les rapidement. Conservez-en une pour la décoration.

2 Dans un verre tumbler, écrasez-les avec le sucre à l'aide d'un pilon.

3 Ajoutez 2 cl de bourbon.

4 Mélangez et remplissez le verre de glace pilée.

5 Remuez pour refroidir le tout puis versez le reste de bourbon.

6 Servez aussitôt.

POUR VARIER…

MOJITO ROSE

Pilez 6 feuilles de menthe, 2 quartiers de citron vert, 2 c. à c. de sirop de sucre de canne et 3 framboises dans un verre tumbler. Ajoutez de la glace pilée, $^{8}/_{10}$ de rhum blanc et $^{2}/_{10}$ de Chambord®. Remuez et recouvrez de jus de canneberge.

MOJITO ANANAS

Pilez 6 feuilles de menthe, 4 morceaux d'ananas et 2 c. à c. de sucre roux en poudre dans un shaker. Remplissez le shaker à moitié de glaçons et un verre tumbler de glace pilée. Versez le rhum dans le shaker et frappez. Versez le mélange dans le verre et recouvrez de jus d'ananas.

MOJITO POMME

Reprenez la recette ci-dessus en supprimant les morceaux d'ananas. Remplacez le jus d'ananas par du jus de pomme. Décorez de lamelles de pomme.

BROCHETTES SUCRÉES-SALÉES

Enfilez sur des piques 1 tranche de magret séché, ½ fraise et 1 cube d'avocat. Servez avec le cocktail.

MOJITO

PRÉPARATION : **2 min** POUR **1 cocktail**

12 feuilles de menthe • $^{2}/_{10}$ de sirop de sucre de canne • 4 quartiers de citron vert • glace pilée • $^{8}/_{10}$ de rhum blanc • eau gazeuse

1 Rincez la menthe et épongez-la rapidement. Conservez un brin pour la décoration.

2 Mettez-la dans un verre tumbler avec le sirop de sucre de canne et les quartiers de citron vert puis pilez-les.

3 Remplissez le verre de glace pilée.

4 Ajoutez le rhum et remuez à l'aide d'une cuillère à mélange.

5 Recouvrez d'eau gazeuse.

6 Décorez avec le brin de menthe.

7 Servez aussitôt.

Déco : servez avec une paille.

POUR VARIER…

TANGO

Supprimez la limonade de la recette et augmentez les quantités de bière.

SNAKEBITE

Remplacez la limonade et le sirop de grenadine par du cidre.

CREVETTES AUX CACAHUÈTES

Passez 24 crevettes cuites décortiquées dans 15 cl de lait de coco agrémenté de 1 pincée de piment doux puis dans une assiette contenant 100 g de cacahuètes nature concassées. Faites frire. Servez chaud, avec le cocktail.

CREVETTES À LA NOIX DE COCO

Reprenez la recette ci-dessus et remplacez les cacahuètes par de la noix de coco râpée. Remplacez le piment par 1 c. à s. de coriandre hachée.

MONACO

PRÉPARATION : **2 min** POUR **1 cocktail**

3/10 de limonade • 7/10 de bière blonde fraîche • 1 trait de sirop de grenadine

1 Versez les ingrédients dans un verre à bière.

2 Servez aussitôt.

Remarque : selon certains, ce cocktail devrait son nom à la couleur des ingrédients ajoutés à la bière : le blanc de la limonade et le rouge de la grenadine, qui rappellent le drapeau monégasque.

NEGRONI

PRÉPARATION : 2 min **POUR** 1 cocktail

2 glaçons • 4/10 de gin • 3/10 de vermouth rouge • 3/10 de Campari®
• ½ rondelle d'orange

1 Mettez les glaçons dans un verre tumbler.

2 Ajoutez le gin, le vermouth et le Campari® dans le verre.

3 Remuez à l'aide d'une cuillère à mélange.

4 Ajoutez la demi-rondelle d'orange dans le verre.

5 Servez aussitôt.

POUR VARIER…

EITHER DRY CURRANTS

Mettez quelques glaçons, 4/10 de gin, 4/10 de vermouth rouge et 2/10 de sirop de cassis dans un verre tulipe. Remuez et servez.

GUARDIAN

Mettez quelques glaçons, 5/10 de gin, 3/10 de vermouth rouge et 3/10 de liqueur de cerise dans un verre à mélange. Remuez et passez dans un verre à cocktail.

JOCKEY CLUB COCKTAIL

Mettez quelques glaçons, 5/10 de gin, 3/10 d'amaretto, 1/10 d'Angostura® bitter et 1 trait de Campari® dans un shaker. Frappez et passez dans un verre à cocktail.

CROISSANTS AU FOIE GRAS

Coupez 12 minicroissants en deux. Déposez sur la partie inférieure 1 morceau de foie gras et 1 c. à c. de confiture de figues. Faites cuire au four préchauffé à 210 °C pendant environ 10 min. Servez avec le cocktail.

OLD-FASHIONED

PRÉPARATION : 2 min POUR 1 cocktail

½ morceau de sucre • 1 trait d'Angostura® bitter • eau gazeuse • glaçons • 4 cl de bourbon • ½ tranche d'orange • 1 cerise à l'eau-de-vie

1 Mettez le demi-morceau de sucre dans un verre à whisky et imbibez-le d'Angostura® bitter.

2 Ajoutez un peu d'eau gazeuse et écrasez le sucre à l'aide d'un pilon.

3 Mettez quelques glaçons dans le verre et versez le bourbon.

4 Ajoutez la demi-tranche d'orange et la cerise à l'eau-de-vie.

5 Servez aussitôt.

POUR VARIER...

B&R OLD-FASHIONED

Écrasez 4 framboises avec 2 c. à c. de sucre en poudre et 1 trait de vinaigre balsamique. Ajoutez des glaçons, 1 trait d'Angostura® bitter et 7 cl de bourbon. Frappez puis passez dans un verre à whisky.

VERRINES D'AUBERGINE AU CHÈVRE

Garnissez 12 verrines de caviar d'aubergines. Ajoutez 2 c. à s. de fromage de chèvre frais mélangé à du basilic haché. Surmontez de dés de tomate fraîche. Servez avec le cocktail.

GOUGÈRES AU BLEU

Coupez 1 chapeau à 12 choux pâtissiers. Garnissez l'intérieur de 1 morceau de bleu d'Auvergne et de 2 grains de raisin blanc. Remettez les chapeaux. Servez avec le cocktail.

DIPS DE POMMES AU BACON

Faites cuire 2 tranches de bacon à la poêle avec de l'huile. Fouettez 20 cl de crème fraîche en chantilly. Mélangez avec le bacon et poivrez. Coupez 6 pommes en lamelles. Servez le tout avec le cocktail.

POUR VARIER…

AMER-BIÈRE

Utilisez $^{8}/_{10}$ de bière blonde et complétez avec $^{2}/_{10}$ de Picon®.

BANANA

Mettez 1 banane mixée dans un verre à bière. Ajoutez de la limonade et de la bière à parts égales.

ENDIVES AU ROQUEFORT

Écrasez 250 g de roquefort avec 10 cl de crème liquide. Garnissez des feuilles d'endive de ce mélange. Servez avec le cocktail.

CANAPÉS AU JAMBON DE PARME

Faites griller 4 tranches de pain d'épice puis coupez-les en quatre. Nappez chaque morceau de ricotta agrémentée de paprika et ajoutez 1 morceau de jambon de Parme. Servez avec le cocktail.

PANACHÉ

PRÉPARATION : **2 min** POUR **1 cocktail**

$^{7}/_{10}$ de bière blonde fraîche • $^{3}/_{10}$ de limonade

1 Versez les ingrédients dans un verre à bière.

2 Servez aussitôt.

Remarque : vous pouvez varier les proportions de l'un et de l'autre ingrédient, selon vos goûts. Le panaché est couramment constitué à parts égales de bière et de limonade.

PIÑA COLADA

PRÉPARATION : **2 min** **POUR** **1 cocktail**

glaçons • 3/10 de rhum blanc • 2/10 de liqueur de coco • 5/10 de jus d'ananas • 1 trait de crème fraîche liquide • 1 morceau d'ananas

1 Remplissez un shaker à moitié de glaçons.

2 Versez le rhum blanc, la liqueur de coco, le jus d'ananas et la crème fraîche dans le shaker.

3 Frappez puis passez le mélange dans un grand verre tumbler.

4 Décorez le verre avec le morceau d'ananas.

5 Servez aussitôt.

Remarque : ce cocktail fut créé dans les années 1950 par un barman de Porto Rico. La boisson fait honneur aux produits typiques du pays.

POUR VARIER…

BANANA COLADA

Remplacez la crème fraîche par ½ banane coupée en rondelles. Mettez tous les ingrédients dans un blender et mixez jusqu'à obtention d'une préparation homogène.

COLADA

Mettez 6/10 de jus d'ananas, 2/10 de liqueur de coco, 1/10 de Baileys®, 1/10 de crème fraîche et des glaçons dans un shaker. Frappez puis passez dans un verre tumbler.

BOUCHÉES DE BETTERAVE À L'AVOCAT

Coupez 2 petites betteraves cuites en fines rondelles. Écrasez la chair de 2 avocats avec du sel, du poivre et 1 pointe de Tabasco®. Déposez 1 c. à c. d'avocat sur chaque rondelle de betterave. Pliez et maintenez avec des piques. Servez avec le cocktail.

BOUCHÉES DE BETTERAVE AU CHÈVRE

Remplacez l'avocat par du fromage de chèvre frais agrémenté de ciboulette ciselée.

POUR VARIER…

PISCO SOUR À L'ANGOSTURA®
Remplacez la noix de muscade râpée par quelques gouttes d'Angostura® bitter.

PISCO SOUR À LA CANNELLE
Remplacez la noix de muscade râpée par 1 pincée de cannelle moulue.

CUILLÈRES DE BOUDIN AUX POIRES
Faites cuire 5 poires coupées en dés dans une casserole avec le jus de 2 oranges. Faites dorer 600 g de rondelles de boudin noir à la poêle. Répartissez la compote de poires dans 12 cuillères à apéritif. Surmontez de 1 rondelle de boudin cuit. Servez avec le cocktail.

MILLE-FEUILLES SAVOYARDS
Taillez 200 g de tomme de Savoie et 2 pommes en très fines lamelles. Recouvrez 1 tranche de jambon fumé de 1 couche de fromage, puis de 1 couche de pomme. Renouvelez l'opération 3 fois. Taillez le mille-feuille en carrés. Servez avec le cocktail.

PISCO SOUR

PRÉPARATION : **2 min** POUR **1 cocktail**

glaçons • 2/10 de jus de citron vert • 1 c. à c. de sucre en poudre • 8/10 de pisco • 1 blanc d'œuf • 1 pincée de noix de muscade râpée • 1 rondelle de citron vert

1 Remplissez un shaker à moitié de glaçons.

2 Mettez le jus de citron, le sucre en poudre, le pisco et le blanc d'œuf dans le shaker.

3 Frappez et versez le mélange dans un verre à whisky.

4 Parsemez la mousse de noix de muscade râpée.

5 Décorez le verre avec la rondelle de citron vert.

6 Servez aussitôt.

PLANTEUR

PRÉPARATION : **2 min** POUR **1 cocktail**

glaçons • 4/10 de rhum blanc • 2/10 de jus de citron • 2/10 de jus d'orange • 2/10 de jus d'ananas • 1 trait de marasquin • 1 trait de curaçao orange • 1 trait de rhum ambré

1 Mettez quelques glaçons dans un grand verre tumbler.

2 Versez le rhum blanc, le jus de citron, le jus d'orange, le jus d'ananas, le marasquin et le curaçao orange dans le shaker.

3 Frappez puis ajoutez le rhum ambré.

4 Servez aussitôt.

POUR VARIER...

PLANTEUR À L'ANGOSTURA®

Remplacez le marasquin et le curaçao par de l'Angostura® bitter, pour un cocktail plus sec.

PLANTEUR GUADELOUPÉEN

Remplacez les jus de citron, d'orange et d'ananas par du jus de goyave.

ACRAS DE MORUE

Mélangez 200 g de farine et 20 cl d'eau avec 1 oignon, 5 ciboules, 2 gousses d'ail et 1 piment hachés, du sel et du poivre. Faites cuire 200 g de morue dessalée à l'eau pendant 30 min. Effeuillez-la et ajoutez-la à la pâte. Formez des boulettes et faites cuire dans un bain d'huile très chaud. Servez avec le cocktail.

ACRAS AU PERSIL

Reprenez la recette ci-dessus et ajoutez ½ bouquet de persil haché à la préparation.

PORTO FLIP

PRÉPARATION : 2 min **POUR** 1 cocktail

glaçons • 7/10 de porto ruby • 3/10 de cognac • 1 c. à c. de sucre en poudre • 1 jaune d'œuf • 1 pincée de noix de muscade râpée

1 Remplissez un shaker à moitié de glaçons.

2 Versez le porto, le cognac, le sucre en poudre et le jaune d'œuf dans le shaker.

3 Frappez puis versez dans un verre à cocktail.

4 Parsemez de noix de muscade râpée.

5 Servez aussitôt.

POUR VARIER...

PORTO FLIP À L'ANCIENNE

Remplacez le jaune d'œuf par 1 œuf entier. Vous obtiendrez ainsi une préparation plus mousseuse.

CERESIO

Mettez dans un shaker quelques glaçons, 3/10 de porto ruby, 4/10 de cognac et 3/10 de Bénédictine®. Frappez et passez dans un verre à cocktail.

TOASTS AU CANTAL

Émincez 4 oignons et faites-les fondre dans une poêle à feu doux. Faites griller 4 tranches de pain de campagne puis coupez-les en quatre. Nappez chaque morceau de fondue d'oignons. Ajoutez 2 lamelles de cantal. Faites dorer sous le gril. Servez avec le cocktail.

CRÈME À LA MOUTARDE À L'ANCIENNE

Mélangez 1 yaourt brassé avec ½ c. à s. de moutarde à l'ancienne, 1 c. à c. de miel et 1 pincée de paprika. Proposez avec des minisaucisses knacks, avec le cocktail.

POUR VARIER…

PUNCH POMME-ANANAS
Remplacez le jus de pamplemousse par du jus de pomme et le jus de fruits exotiques par du jus d'ananas.

VIRGIN PUNCH
Remplacez le rhum par de la limonade. Ajoutez-la uniquement au dernier moment.

SAMOUSSAS AUX CREVETTES
Coupez 20 crevettes décortiquées en morceaux. Ajoutez 1 gousse d'ail, 1 oignon, 1 piment doux, 1 petit morceau de gingembre hachés et le jus de 1 citron. Coupez 5 feuilles de brick en quatre bandelettes. Déposez 1 c. à c. du mélange sur chaque bandelette et formez des triangles. Faites cuire à la poêle avec un peu d'huile de 4 à 5 min. Servez avec le cocktail.

SAMOUSSAS AU POULET
Remplacez les crevettes par du poulet. Ajoutez quelques feuilles de coriandre hachées à la préparation.

PUNCH

PRÉPARATION : **5 min** POUR **16 personnes**

4 l de jus d'orange • 20 cl de sirop de sucre de canne • 1 l de rhum blanc • 1 l de jus de pamplemousse • 1 l de jus de fruits exotiques • 2 gousses de vanille • 40 cl de rhum ambré

1 Versez tous les ingrédients dans un grand saladier.

2 Laissez macérer au réfrigérateur pendant au minimum 4 h et au maximum 48 h.

3 Versez dans des verres tumbler.

4 Servez bien frais.

Astuce : goûtez le punch avant de le servir. S'il est trop acide, ajoutez un peu de sirop de sucre de canne. S'il est trop sucré, ajustez le goût avec du jus d'orange ou du jus de pamplemousse.

RUSTY NAIL

PRÉPARATION : 2 min POUR 1 cocktail

glaçons • 5/10 de scotch whisky • 5/10 de Drambuie®

1 Mettez quelques glaçons dans un verre à mélange.

2 Versez les autres ingrédients.

3 Remuez et passez le mélange dans un verre à whisky.

4 Servez aussitôt.

Remarque : une légende raconte que le nom de ce cocktail fait référence au clou rouillé que les barmen écossais immigrés utilisaient pour remuer les boissons de leurs clients américains. À moins qu'il ne s'agisse simplement d'une allusion à sa couleur ambrée...

POUR VARIER...

BRITNEY & WHITNEY

Remplacez le whisky par du Baileys®.

E.T.

Remplacez le Drambuie® par 3/10 de Baileys® et complétez avec 2/10 de crème de menthe verte.

ROULÉS DE CRÊPES AUX SAUCISSES KNACKS

Préparez 6 crêpes. Déposez 1 saucisse de type knack sur chaque crêpe, repliez les bords et formez 6 rouleaux. Passez-les dans de l'œuf battu puis dans de la chapelure. Faites frire dans un bain d'huile. Coupez en morceaux. Servez chaud, avec le cocktail.

BOUCHÉES DE CONCOMBRE À L'ALFALFA

Coupez ½ concombre en rondelles. Déposez sur chacune 1 c. à c. de houmous et décorez d'un peu d'alfalfa (graines germées).

SANGRIA

PRÉPARATION : 5 min **POUR** 6 personnes

1 bouteille de vin rouge • 4 c. à c. de sucre en poudre • 8 cl de cognac • 8 cl de Cointreau® • le jus et le zeste de 1 orange • le jus et le zeste de 1 citron • 1 orange • 1 citron • 1 pêche • 2 abricots • glaçons • 20 à 30 cl d'eau gazeuse

1 Versez le vin rouge, le sucre en poudre, le cognac, le Cointreau®, le jus et le zeste d'orange, le jus et le zeste de citron dans un grand saladier.

2 Laissez macérer au réfrigérateur pendant au moins 6 h.

3 Avant de servir, coupez les fruits en morceaux.

4 Mettez-les dans le saladier avec quelques glaçons et l'eau gazeuse.

5 Mélangez et servez à l'aide d'une petite louche dans des verres à vin.

POUR VARIER...

SANGRIA BLANCHE

Remplacez le vin rouge, le cognac et le Cointreau® par 1 l de vin blanc.

VIRGIN SANGRIA

Remplacez le vin rouge par du jus d'orange, le cognac et le Cointreau® par du jus de raisin, et l'eau gazeuse par du soda au gingembre.

PAIN À L'AIL ET AUX TOMATES

Coupez ½ baguette en rondelles. Répartissez-les sur une plaque et faites-les dorer sous le gril. Frottez-les avec ½ gousse d'ail puis avec ½ tomate. Servez avec le coktail.

OIGNONS FRITS

Coupez 4 gros oignons en fines rondelles. Détachez les anneaux sans les briser. Trempez-les dans du lait salé puis dans de la farine. Faites frire dans un bain d'huile. Servez avec le cocktail.

SCREWDRIVER

PRÉPARATION : **2 min** **POUR** **1 cocktail**

glaçons • 4/10 de vodka • 6/10 de jus d'orange

1 Mettez quelques glaçons dans un grand verre tumbler.

2 Ajoutez la vodka et le jus d'orange.

3 Mélangez et servez aussitôt.

Astuce : ce cocktail sera encore meilleur si vous utilisez du jus d'orange fraîchement pressé.

POUR VARIER…

GREYHOUND

Remplacez le jus d'orange par du jus de pamplemousse.

SCREWDRIVER CREME

Ajoutez ½ c. à c. de sucre en poudre et 1 jaune d'œuf. Mixez tous les ingrédients ensemble et passez dans un verre tumbler.

MADELEINES AUX LARDONS

Mélangez 4 œufs, 275 g de farine, 130 g de beurre en pommade, 10 cl de lait entier, 1 sachet de levure chimique et 50 g de lardons revenus à la poêle. Laissez reposer pendant 2 h. Garnissez à moitié des moules à madeleine beurrés de la préparation. Faites cuire de 8 à 10 min au four préchauffé à 180 °C. Servez avec le cocktail.

MADELEINES À L'ITALIENNE

Reprenez la recette ci-dessus en ajoutant 25 g de tomates séchées coupées en dés et 15 g de parmesan.

Mai Tai

POUR VARIER…

VIRGIN SEA BREEZE

Remplacez la vodka par du jus de pamplemousse.

BAY BREEZE

Remplacez le jus de raisin par du jus d'ananas, pour un cocktail plus doux.

BROCHETTES DE RAISINS ET COMTÉ

Alternez sur des piques à cocktail 1 grain de raisin blanc, 1 morceau de comté, 1 morceau de raisin noir. Servez avec le cocktail.

CANAPÉS AU SAUMON ET À LA ROQUETTE

Faites griller 4 tranches de pain d'épice et coupez-les en quatre. Déposez sur chaque morceau 1 c. à c. de crème fraîche épaisse, 1 morceau de saumon fumé et 1 feuille de roquette. Poivrez.

SEA BREEZE

PRÉPARATION : **2 min** POUR **1 cocktail**

glaçons • 5/10 de jus de canneberge • 3/10 de vodka • 2/10 de jus de raisin

1 Mettez quelques glaçons dans un petit verre tumbler.

2 Versez tous les autres ingrédients dans le verre.

3 Remuez à l'aide d'une cuillère à mélange.

4 Servez aussitôt.

SEX ON THE BEACH

PRÉPARATION : 2 min POUR 1 cocktail

glaçons • $^{2}/_{10}$ de vodka • $^{1}/_{10}$ de liqueur de melon • $^{1}/_{10}$ de liqueur de mûre • $^{3}/_{10}$ de jus de canneberge • $^{3}/_{10}$ de jus d'ananas

1 Mettez quelques glaçons dans un verre à mélange.

2 Versez la vodka, la liqueur de melon et la liqueur de mûre dans le verre puis mélangez.

3 Passez le mélange dans un verre tulipe et complétez avec les jus de fruits.

4 Servez aussitôt.

POUR VARIER...

SEX IN THE DUNES

Remplissez un shaker à moitié de glaçons. Ajoutez $^{4}/_{10}$ de vodka, $^{4}/_{10}$ de schnaps à la pêche, $^{1}/_{10}$ de Chambord® et $^{1}/_{10}$ de jus d'ananas. Servez dans un verre à whisky.

PEACH ON THE BEACH

Mettez quelques glaçons, $^{4}/_{10}$ de jus d'orange, $^{3}/_{10}$ de jus de canneberge, $^{2}/_{10}$ de vodka et $^{1}/_{10}$ de crème de pêche dans un grand verre tumbler. Remuez et servez.

BILLES DE MELON AU MAGRET SÉCHÉ

Prélevez des billes dans 1 melon. Enveloppez chaque bille de 1 tranche de magret séché. Maintenez avec des piques. Servez avec le cocktail.

CANAPÉS AU CARPACCIO

Coupez ½ baguette au sésame en rondelles et faites-les griller. Déposez sur chacune 1 feuille de basilic et 1 morceau de carpaccio de bœuf. Arrosez légèrement de jus de citron. Servez avec le cocktail.

SILK STOCKING

PRÉPARATION : 2 min **POUR** 1 cocktail

glaçons • 1/10 de tequila • 1/10 de crème de cacao blanche • 1/10 de sirop de grenadine • 7/10 de crème fraîche liquide

1 Remplissez un shaker à moitié de glaçons.

2 Versez les autres ingrédients dans le shaker.

3 Frappez puis passez le mélange dans un verre à cocktail.

4 Servez aussitôt.

POUR VARIER…

SILK STOCKING 2

Remplacez la crème fraîche par du lait. Décorez le verre avec 1 cerise confite.

FROSTBITE

Supprimez la grenadine et utilisez de la tequila, de la crème de cacao blanche et de la crème fraîche à parts égales. Saupoudrez le cocktail de noix de muscade râpée.

CARAMBA

Mettez quelques glaçons, 4/10 de tequila, 3/10 de liqueur de café kahlúa, 3/10 de Bénédictine® et 4 traits de crème fraîche dans un shaker. Frappez et passez dans un verre à cocktail.

SPARE RIBS AU KETCHUP

Faites cuire 1 kg de travers de porc à l'eau bouillante pendant 30 min. Laissez refroidir puis coupez en tranches. Badigeonnez de ketchup et laissez mariner pendant 1 h. Répartissez les ribs sur une plaque et faites-les dorer sous le gril pendant 30 min, en retournant à mi-cuisson. Servez avec le cocktail.

POUR VARIER…

SINGAPORE SLING AMÉLIORÉ

Ajoutez au cocktail 2 traits de sirop de grenadine, 1 trait de Cointreau®, 1 trait de Bénédictine®, 2 traits d'Angostura® bitter et du jus d'ananas.

~

MOSCOW SLING

Remplacez le gin par de la vodka. Ajoutez 2 traits de Saint-Raphaël®. Utilisez de préférence un tonic au gingembre.

~

ROULÉS DE PAIN LAVASH SURPRISES

Taillez 4 pains lavash en bandelettes de 3 cm. Nappez chacune de fromage frais à l'ail et aux fines herbes de type Boursin®, couvrez d'allumettes de jambon. Roulez et maintenez avec des piques. Servez avec le cocktail.

~

ROULÉS DE COURGETTES SURPRISES

Reprenez la recette ci-dessus et remplacez le pain lavash par des courgettes taillées finement à l'aide d'une mandoline.

SINGAPORE SLING

PRÉPARATION : **2 min** POUR **1 cocktail**

glaçons • 5/10 de gin • 5/10 de cherry brandy • le jus de 1 citron • tonic

1 Remplissez un shaker à moitié de glaçons.

2 Versez les autres ingrédients dans le shaker.

3 Frappez puis passez le mélange dans un grand verre tumbler.

4 Complétez avec le tonic.

5 Servez aussitôt.

Astuce : ce long drink est plutôt doux ; vous pouvez donc le déguster à tout moment de la journée, y compris après un repas car il est assez digestif.

SOUPE DE CHAMPAGNE

PRÉPARATION : 2 min **POUR** 6 personnes

15 cl de Cointreau® • 75 cl de champagne frais • 15 cl de jus de citron vert • 15 cl de sirop de sucre de canne

1 Versez tous les ingrédients dans un grand saladier.

2 Remuez à l'aide d'une cuillère à mélange.

3 Servez dans des flûtes à champagne à l'aide d'une louche.

POUR VARIER…

SOUPE ANGEVINE

Remplacez le champagne par du crémant et le jus de citron vert par du jus de citron.

SOUPE AFRICAINE

Ajoutez 2 cl de sirop de grenadine au cocktail. Utilisez de préférence du jus de citron plutôt que du jus de citron vert.

CUILLÈRES D'ŒUFS D'ESCARGOT

Garnissez 12 cuillères pour apéritif d'œufs d'escargot. Parsemez chacune de piment d'Espelette. Servez avec le cocktail.

CANAPÉS AUX ŒUFS DE CAILLE

Faites cuire au plat 12 œufs de caille. Déposez chacun sur 1 tranche de pain de mie brioché rond grillée nappée de moutarde. Parsemez de paprika. Servez avec le cocktail.

POUR VARIER…

DEMOLITION

Remplacez le jus d'orange par du jus de citron et le tonic par du jus de pamplemousse.

SPRING TIME COOLER

Mettez dans un shaker quelques glaçons, 3/10 de vodka, 4/10 de jus d'orange, 2/10 de jus de citron, 1/10 de curaçao bleu et 1 trait de sirop de sucre de canne. Frappez et passez dans un verre tumbler.

VERRINES DE POMME AU CHOU-RAVE

Taillez 2 pommes et 1 chou-rave en julienne. Mélangez avec le jus de 1 citron, 1 c. à s. d'huile d'olive et 1 pincée de fleur de sel. Répartissez dans des verrines. Servez avec le coktail.

SUCETTES DE PARMESAN

Formez de petits disques de parmesan râpé sur une plaque recouverte de papier sulfurisé. Posez 1 pique à cocktail sur chaque disque. Faites dorer sous le gril. Servez avec le cocktail.

SPRING TIME

PRÉPARATION : **2 min** POUR **1 cocktail**

glaçons • 5/10 de vodka • 2/10 de Cointreau® • 3/10 de jus d'orange • ginger ale ou tonic

1 Remplissez un shaker à moitié de glaçons.

2 Versez la vodka, le Cointreau® et le jus d'orange dans le shaker.

3 Frappez puis passez le mélange dans un verre tumbler.

4 Complétez avec le ginger ale ou le tonic.

5 Servez aussitôt.

POUR VARIER…

COINTRONIC

Supprimez le jus de citron et le Campari®. Mélangez 3/10 de Cointreau® et 7/10 de tonic.

GOUJONS GRILLÉS

Passez 300 g de goujons dans de la farine puis faites-les frire pendant 3 min dans de l'huile chaude. Salez et servez accompagnés de quartiers de citron, avec le cocktail.

TARAMA MAISON

Mixez 600 g d'œufs de cabillaud fumés avec le jus de 1 citron et 2 tranches de pain de mie sans croûte préalablement trempées dans du lait, en incorporant 20 cl d'huile et ¼ de betterave petit à petit. Servez sur des blinis, avec le cocktail.

BONBONS DE NOIX AU ROQUEFORT

Cassez 20 noix, sans casser les cerneaux. Glissez 1 morceau de roquefort entre 2 cerneaux de noix. Servez avec le cocktail.

TAMPICO

PRÉPARATION : 2 min POUR 1 cocktail

glaçons • 4/10 de Campari® • 3/10 de Cointreau® • 3/10 de jus de citron • Indian tonic

1 Mettez quelques glaçons dans un verre tumbler.

2 Versez le Campari®, le Cointreau® et le jus de citron dans le verre.

3 Remuez bien à l'aide d'une cuillère à mélange.

4 Complétez avec l'Indian tonic.

5 Servez aussitôt.

Remarque : ce long drink, qui marie le sucré, l'amer et l'acide, est très désaltérant.

TEQUILA PAF

PRÉPARATION : 2 min **POUR** 1 cocktail

2 cl de tequila • 1 pincée de sel fin • 1 quartier de citron vert

1 Remplissez un verre à shot de tequila.

2 Déposez le sel sur le dos de la main, léchez-le, buvez le shot, puis mordez dans le quartier de citron vert.

Remarque : ce cocktail est aussi connu sous le nom de shotgun.

POUR VARIER…

BUFFLE

Allongez la tequila avec du tonic et ajoutez quelques gouttes de Tabasco®. La boisson doit devenir orangée.

TNT

Mettez quelques glaçons dans un verre tumbler. Arrosez du jus de ½ citron vert, ajoutez 4 cl de vodka et complétez avec du tonic.

MOUSSE DE SARDINE AU MASCARPONE

Mixez le contenu de 2 boîtes de sardines puis mélangez avec 2 c. à s. de mascarpone et le jus de 1 citron. Tartinez sur des toasts de pita. Servez avec le cocktail.

RAVIOLIS À L'ARTICHAUT

Hachez 400 g de filet de poulet cuit et mélangez avec 150 g de fonds d'artichaut cuits mixés. Coupez 16 carrés de pâte filo. Déposez 1 c. à s. de mélange sur chaque carré et ramenez les 4 coins en pointe. Faites cuire au four préchauffé à 180 °C pendant 8 min. Servez avec le cocktail.

TEQUILA SUNRISE

PRÉPARATION : 2 min **POUR** 1 cocktail

glaçons • 6/10 de jus d'orange • 3/10 de tequila • 1/10 de sirop de grenadine

1 Mettez quelques glaçons dans un grand verre tumbler.

2 Versez le jus d'orange et la tequila dans le verre.

3 Remuez à l'aide d'une cuillère à mélange.

4 Ajoutez le sirop de grenadine.

5 Servez aussitôt.

POUR VARIER…

FREEMAN

Remplacez la moitié de la tequila par du rhum blanc. Versez le jus d'orange en dernier, dans une flûte à champagne.

GENTLE BEN

Mettez quelques glaçons, ⅓ de vodka, ⅓ de tequila et ⅓ de gin dans un shaker. Frappez et passez dans un grand verre tumbler. Complétez avec du jus d'orange.

BEIGNETS DE COURGETTE

Mélangez 50 g de farine, ½ sachet de levure chimique, 1 œuf, 1 c. à s. d'huile d'olive, du sel du poivre et 5 courgettes râpées. Déposez des petits tas de pâte dans une poêle contenant de l'huile chaude et faites frire. Servez chaud, avec le cocktail.

BEIGNETS DE CAROTTE

Reprenez la recette ci-dessus en remplaçant les courgettes par 6 carottes.

POUR VARIER…

LIMULE

Remplacez la liqueur de mûre par de la liqueur de fruit de la Passion.

MALIBU DREAM

Remplacez la liqueur de mûre par $^{2}/_{10}$ de liqueur de coco. Utilisez $^{2}/_{10}$ de tequila et $^{6}/_{10}$ de jus d'orange.

BROCHETTES DE SAINT-JACQUES AU POIVRON

Faites cuire 1 poivron rouge coupé en cubes à la poêle de 10 à 15 min. Faites cuire 12 noix de saint-jacques à la poêle. Disposez sur des piques à cocktail 1 morceau de poivron, 1 noix de Saint-Jacques, 1 morceau de poivron. Servez avec le cocktail.

BROCHETTES DE LOTTE

Remplacez les noix de saint-jacques par des cubes de filet de lotte.

TEQUILA SUNSET

PRÉPARATION : **2 min** POUR **1 cocktail**

glaçons • $^{3}/_{10}$ de tequila • $^{3}/_{10}$ de liqueur de mûre • $^{4}/_{10}$ de jus d'orange • 3 cerises confites

1 Mettez 2 ou 3 glaçons dans un verre à cocktail.

2 Versez la tequila dans le verre.

3 Ajoutez la liqueur de mûre puis, délicatement, le jus d'orange.

4 Plantez les cerises confites sur une pique à cocktail.

5 Posez-la sur le verre.

6 Servez aussitôt.

TI-PUNCH

PRÉPARATION : **2 min** **POUR** **1 cocktail**

4 ou 5 rondelles de citron vert • 3/10 de sirop de sucre de canne • glace pilée • 7/10 de rhum blanc

1 Mettez les rondelles de citron vert et le sirop de sucre de canne dans un verre à whisky et écrasez-les.

2 Ajoutez de la glace pilée et le rhum.

3 Servez aussitôt.

Remarque : ce cocktail serait né sur l'île de Marie-Galante, au large de la Guadeloupe.

POUR VARIER…

TI-PUNCH AU GINGEMBRE

Ajoutez 1 petit morceau de gingembre frais haché dans le verre en même temps que les rondelles de citron vert et le sucre de canne et écrasez le tout.

TI-PUNCH AU MANGALORE

Ajoutez 1 trait de Mangalore®, ou d'une autre liqueur de fruits rouges, pour créer un effet de dégradé rouge.

TORSADES AU PAVOT

Découpez des bandelettes dans 1 rouleau de pâte feuilletée. Parsemez-les de graines de pavot puis torsadez chaque bandelette. Faites cuire au four préchauffé à 180 °C de 10 à 15 min.

TORSADES AU SÉSAME

Reprenez la recette ci-dessus en remplaçant les graines de pavot par des graines de sésame.

POUR VARIER…

JOHN COLLINS

Remplacez le gin par du jenever néerlandais ou du genièvre français.

TEQUILA COLLINS

Remplacez le gin par de la tequila.

TARTELETTES AUX TOMATES ET AU ROQUEFORT

Mélangez 4 œufs avec 20 cl de crème fraîche épaisse et du sel. Garnissez 12 moules à tartelette de pâte brisée. Ajoutez 4 tomates cerises et 4 cubes de roquefort dans chaque moule et couvrez d'appareil à tarte. Parsemez de fromage râpé. Faites cuire au four préchauffé à 180 °C de 15 à 20 min. Servez avec le cocktail.

TARTELETTES AUX COURGETTES ET AU CHÈVRE

Reprenez la recette ci-dessus et remplacez les tomates cerises par des rondelles de courgette cuites à la poêle et le roquefort par de la bûche de chèvre.

TOM COLLINS

PRÉPARATION : **2 min** POUR **1 cocktail**

glaçons • 1 c. à c. de sucre en poudre • le jus de 1 citron • 4 cl de gin • tonic

1 Mettez quelques glaçons dans un grand verre tumbler.

2 Versez le sucre, le jus de citron et le gin.

3 Complétez avec le tonic.

4 Servez aussitôt.

POUR VARIER…

MAURESQUE
Remplacez le sirop de grenadine par du sirop d'orgeat.

PERROQUET
Remplacez le sirop de grenadine par du sirop de menthe.

CANARI
Remplacez le sirop de grenadine par du sirop de citron.

FEUILLE MORTE
Utilisez une quantité égale de sirop de grenadine et de sirop de menthe.

CANISSE
Remplacez le sirop de grenadine par de la crème de cassis.

TOMATE

PRÉPARATION : **2 min** POUR **1 cocktail**

4 cl de pastis • 3 traits de sirop de grenadine • 1 ou 2 glaçons

1 Versez le pastis et le sirop de grenadine dans un grand verre évasé.

2 Allongez d'eau glacée.

3 Complétez avec les glaçons.

4 Servez aussitôt.

VIN CHAUD

PRÉPARATION : 2 min CUISSON : 5 min POUR 1 cocktail

15 cl de vin rouge corsé • 2 cl de cognac • 1 c. à c. de sucre en poudre
1 tranche de citron • 1 clou de girofle • 1 pincée de cannelle moulue

1 Versez tous les ingrédients dans une casserole.

2 Portez à frémissements, sans laisser bouillir.

3 Servez dans un verre à anse ou un verre résistant à la chaleur.

Remarque : le vin chaud est surtout connu depuis la Première Guerre mondiale, où il était servi aux soldats dans les tranchées.

POUR VARIER…

VIN CHAUD AUX FRUITS

Ajoutez 2 quartiers de citron et 1 c. à c. de raisins secs dans le cocktail.

VIN CHAUD À LA VANILLE

Ajoutez 1 gousse de vanille fendue en deux dans le cocktail.

VIN BLANC CHAUD (POUR 6 COCKTAILS)

Versez 50 cl de vin blanc, 10 cl d'eau, 1 c. à c. de jus d'orange, 5 morceaux de sucre, 1 bâton de cannelle, 3 capsules de cardamome, 2 étoiles de badiane, 1 petit morceau de gingembre et 2 c. à s. de miel dans une casserole puis portez à frémissements. Retirez du feu et laissez infuser pendant 2 h. Réchauffez avant de servir.

VIN AUX CERISES (POUR 6 COCKTAILS)

Versez 75 cl de vin blanc, 250 g de cerises au sirop et 20 morceaux de sucre dans une casserole puis faites frémir pendant 20 min. Servez brûlant dans des verres à anse.

POUR VARIER…

EXTRADITION

Remplacez le sirop de sucre de canne et le jus de citron par 2 cl de curaçao bleu.

VODKA RICKEY

Mettez quelques glaçons dans un verre à mélange. Versez 6/10 de limonade et 4/10 de vodka. Remuez puis passez dans un verre tumbler. Ajoutez 4 morceaux de citron vert.

MOULES AU CHORIZO

Faites cuire des moules avec de l'oignon et du vin blanc. Retirez la partie supérieure des coquilles. Déposez 1 rondelle très fine de chorizo sur chaque moule. Servez avec le cocktail.

PIQUES DE MUNSTER AU CUMIN

Coupez ½ munster en cubes. Passez-les dans une assiette contenant du cumin. Enfoncez 1 pique à cocktail dans chaque cube. Servez avec le cocktail.

VODKA COLLINS

PRÉPARATION : **2 min** POUR **1 cocktail**

5 cl de vodka • 1 c. à s. de sirop de sucre de canne • le jus de 1 citron • eau gazeuse

1 Versez la vodka, le sirop de sucre de canne et le jus de citron dans un grand verre.

2 Remuez à l'aide d'une cuillère à mélange.

3 Complétez avec de l'eau gazeuse.

4 Servez aussitôt.

POUR VARIER...

MARTINI ALL STARS

Remplacez 4/10 de vodka par du gin.

SHORT YELLOW

Mettez quelques glaçons, 4/10 de vodka, 3/10 de vermouth blanc sec et 3/10 de curaçao bleu dans un shaker. Frappez et passez dans un verre à cocktail.

BOUCHÉES DE POMMES AU CHÈVRE

Coupez 4 pommes golden en cubes. Faites-les revenir à la poêle avec un peu d'huile. Répartissez la compote dans 10 cuillères à apéritif allant au four. Déposez sur chacune 1 rondelle de crottin de Chavignol et 1 filet de miel. Faites dorer sous le gril. Décorez de 1 brin de thym et servez avec le cocktail.

BOUCHÉES DE POMMES AU BRIE

Reprenez la recette ci-dessus en remplaçant le fromage de chèvre par du brie.

VODKATINI

PRÉPARATION : **2 min** POUR **1 cocktail**

glaçons • 8/10 de vodka • 2/10 de vermouth blanc sec • 1 olive

1 Mettez quelques glaçons dans un verre à mélange.

2 Versez la vodka et le vermouth.

3 Remuez à l'aide d'une cuillère à mélange.

4 Passez dans un verre à cocktail ou un verre à shot.

5 Décorez avec l'olive.

6 Servez aussitôt.

Astuce : choisissez de préférence une vodka très aromatisée, de Pologne par exemple.

POUR VARIER…

SIDE-CAR
Remplacez le gin par du cognac.

TROÏKA
Remplacez le gin par de la vodka, à raison de 5/10. Ajoutez 3/10 de Cointreau® et 2/10 de jus de citron vert.

CROQUETTES DE CAMEMBERT
Coupez 2 camemberts en cubes. Passez-les successivement dans de la farine, de l'œuf battu et de la chapelure. Faites frire dans un bain d'huile. Égouttez sur du papier absorbant et servez avec le cocktail.

CROQUETTES DE CAMEMBERT AU PAIN D'ÉPICE
Faites griller des tranches de pain d'épice puis mixez-les finement. Reprenez la recette ci-dessus en remplaçant la chapelure classique par la chapelure de pain d'épice.

WHITE LADY

PRÉPARATION : **2 min** POUR **1 cocktail**

glaçons • 6/10 de gin • 3/10 de Cointreau® • 1/10 de jus de citron vert • 1 torsade de zeste de citron vert

1 Remplissez un shaker à moitié de glaçons.

2 Versez le gin, le Cointreau® et le jus de citron vert dans le shaker.

3 Frappez puis passez dans un verre à cocktail.

4 Décorez avec la torsade de zeste de citron vert.

5 Servez aussitôt.

WHITE RUSSIAN

PRÉPARATION : **2 min** **POUR** **1 cocktail**

6 glaçons concassés • 4/10 de vodka • 3/10 de Tia Maria® • 3/10 de lait entier

1 Mettez 3 glaçons concassés dans un shaker et les 3 autres dans un verre à vin.

2 Versez tous les autres ingrédients dans le shaker.

3 Frappez puis passez le mélange dans le verre.

4 Servez aussitôt.

POUR VARIER...

WHITE RUSSIAN À LA CRÈME

Remplacez le lait entier par les mêmes proportions de crème fraîche épaisse.

BLACK RUSSIAN

Mettez quelques glaçons dans un verre tumbler ou dans un verre à whisky. Ajoutez 7/10 de vodka et 3/10 de liqueur de café kahlúa. Décorez avec 1 cigarette en chocolat.

WHITE CUBAN

Mettez quelques glaçons dans un verre tumbler ou dans un verre à whisky. Ajoutez ⅓ de vodka, ⅓ de liqueur de café kahlúa et ⅓ de lait.

CUILLÈRES AU CRABE

Mélangez 200 g de chair de crabe avec 100 g de dés de mangue, le jus de ½ citron vert, 2 c. à s. d'huile de tournesol et 10 brins de coriandre ciselés. Garnissez-en des cuillères à apéritif. Servez avec le cocktail.

POUR VARIER...

ZOMBIE 2

Mettez quelques glaçons, 2/10 de rhum ambré, 2/10 de rhum blanc, 1/10 de liqueur d'abricot, 1/10 de sirop de sucre de canne, le jus de ½ citron vert, 1 trait de grenadine et 4/10 de jus d'ananas dans un shaker. Frappez et passez dans un verre tumbler.

BOUCHÉES DE CHÈVRE AUX PISTACHES

Concassez 50 g de pistaches nature. Formez de petites billes de fromage de chèvre frais et passez-les dans les pistaches. Servez sur des piques, avec le cocktail.

BOUCHÉES DE CHÈVRE AUX NOISETTES

Reprenez la recette ci-dessus en remplaçant les pistaches par des noisettes concassées.

BOUCHÉES DE CHÈVRE AUX HERBES

Reprenez la recette ci-dessus en remplaçant les pistaches par des herbes fraîches (basilic, menthe, persil, etc.) ciselées.

ZOMBIE

PRÉPARATION : **2 min** POUR **1 cocktail**

glaçons • 3/10 de rhum brun • 2/10 de liqueur de coco • 1/10 de liqueur de café kahlúa • 4/10 de jus de goyave • 1 trait de crème fraîche liquide.

1 Remplissez un shaker à moitié de glaçons.

2 Versez le rhum, les liqueurs et le jus de goyave dans le shaker.

3 Frappez puis passez le mélange dans un grand verre tumbler.

4 Ajoutez la crème fraîche.

5 Servez aussitôt.

Bar à

COCKTAILS

COCKTAILS CRÉATIFS

POUR VARIER...

CAMPARI
Supprimez le jus de canneberge. Utilisez de la vodka et du Campari® à parts égales. Ajoutez 1 trait d'Angostura® bitter.

BITTER SWEET SYMPHONY
Utilisez de la vodka et du Campari® à parts égales. Supprimez l'Angostura® bitter et remplacez le jus de canneberge par du jus de pamplemousse rose.

COLESLAW
Coupez ½ chou blanc et 4 carottes en fines lamelles. Mélangez avec 4 c. à s. de mayonnaise, 2 c. à s. de jus de citron, 1 c. à s. de sucre blanc, du sel et du poivre. Servez dans des verrines, avec le cocktail.

CHIPS DE PATATE DOUCE
Détaillez 1 patate douce en très fines lamelles. Jetez-les dans un bain d'huile et faites dorer. Égouttez sur du papier absorbant, laissez refroidir et salez. Servez avec le cocktail.

2 MENTAL

PRÉPARATION : 2 min **POUR** 1 cocktail

glaçons • 6/10 de vodka • 3/10 de Campari® • 1/10 d'Angostura® bitter • jus de canneberge

1 Remplissez un shaker à moitié de glaçons.

2 Versez la vodka, le Campari® et l'Angostura® bitter dans le shaker.

3 Frappez puis passez le mélange dans un grand verre tumbler ou dans un verre tulipe.

4 Complétez avec du jus de canneberge.

5 Servez sans attendre.

Déco : vous pouvez décorer le verre avec 1 morceau d'ananas et 1 brin de menthe.

ABAKILA

PRÉPARATION : 2 min **POUR** 1 cocktail

glaçons • 3/10 de tequila • 2/10 de liqueur de banane • 1/10 de liqueur de kiwi • 4/10 de jus d'ananas • 1 tranche de pomme

1 Remplissez un shaker à moitié de glaçons.

2 Versez tous les autres ingrédients dans le shaker.

3 Frappez puis passez le mélange dans un verre à cocktail.

4 Décorez le verre avec 1 tranche de pomme.

5 Servez aussitôt.

Déco : vous pouvez givrer le verre avant d'y verser le cocktail. Trempez le bord du verre dans du jus de citron coupé avec un peu d'eau puis passez-le dans une assiette remplie de sucre.

POUR VARIER...

SWAENEPOEL

Mettez quelques glaçons, 3/10 de tequila, 2/10 de liqueur de banane, 4/10 de jus d'ananas et 1/10 d'Angostura® bitter dans un shaker. Frappez et passez dans un verre à cocktail.

BRIBERY

Mettez quelques glaçons, 4/10 de tequila, 1/10 de liqueur de banane, 3/10 de jus de pamplemousse et 2/10 de curaçao vert dans un shaker. Frappez et passez dans un verre tumbler.

FEUILLETÉS À LA SAUCISSE

Découpez des bandes de 4 à 5 cm de large dans une pâte feuilletée. Déposez sur chacune 1 saucisse de type knack. Roulez puis coupez en morceaux. Faites cuire au four préchauffé à 210 °C de 10 à 12 min. Servez avec le cocktail.

PIQUES À LA GRECQUE

Alternez sur des piques 1 cube de concombre, 1 morceau de feta et 1 morceau de tomate. Servez avec le cocktail.

POUR VARIER…

HAVANA BANANA FIZZ

Mixez 3/10 de rhum blanc, 4/10 de jus d'ananas, 3/10 de jus de citron vert, 1 trait d'Angostura® bitter et 1 gros morceau de banane dans un blender. Passez dans un verre tumbler et complétez avec de la limonade.

ÉVASION

Mettez des glaçons, 5/10 de jus de citron, 5/10 de Cointreau® et 1 trait d'Angostura® bitter dans un shaker. Frappez et passez dans un verre tumbler. Complétez avec de la limonade.

VERRINES AU RIZ

Mélangez 250 g de riz cuit avec 6 saucisses de type knack coupées en rondelles, 3 c. à s. de mayonnaise, 300 g de champignons de Paris taillés en lamelles et 150 g de petits pois cuits. Servez dans des verrines.

TAGLIATELLES DE LÉGUMES

Taillez 3 courgettes et 3 carottes en tagliatelles à l'aide d'une mandoline. Faites cuire rapidement à l'eau bouillante. Servez avec une sauce au fromage frais.

ANGOSTURA FIZZ

PRÉPARATION : **2 min** POUR **1 cocktail**

glaçons • 5/10 de jus de citron • 1 trait d'Angostura® bitter • 1 c. à c. de sirop de sucre de canne • 1 blanc d'œuf • 5/10 de limonade

1 Remplissez un shaker à moitié de glaçons.

2 Versez le jus de citron, l'Angostura® bitter, le sirop de sucre de canne et le blanc d'œuf dans le shaker.

3 Frappez énergiquement puis passez dans un grand verre tumbler.

4 Complétez avec la limonade.

5 Servez aussitôt.

Déco : vous pouvez décorer le verre avec 1 morceau d'ananas et/ou 1 cerise confite.

APRICAMP

PRÉPARATION : 2 min POUR 1 cocktail

glaçons • 5/10 de liqueur d'abricot • 5/10 d'Angostura® bitter • jus d'orange

1 Mettez quelques glaçons dans un verre à mélange.

2 Versez la liqueur d'abricot et l'Angostura® bitter dans le verre.

3 Remuez à l'aide d'une cuillère à mélange.

4 Passez le mélange dans un verre à vin.

5 Complétez avec du jus d'orange.

6 Servez aussitôt.

POUR VARIER...

CHANTERELLE COCKTAIL

Mettez des glaçons, 3/10 de liqueur d'abricot, 2/10 d'Angostura® bitter, 4/10 de vodka et 1/10 de jus d'orange. Frappez et passez dans un verre à cocktail.

ABRICOTIER

Mettez des glaçons, 2/10 de liqueur d'abricot, 4/10 de jus d'orange, 3/10 de gin et 1/10 de sirop de fraise dans un shaker. Frappez et passez dans un verre à whisky.

CLAIR DE COCKTAIL

Mettez des glaçons, 4/10 de whisky, 3/10 de liqueur d'abricot et 3/10 de jus d'orange dans un shaker. Frappez et passez dans un verre à cocktail.

BOUCHÉES DE TOFU AU SÉSAME

Faites mariner 500 g de cubes de tofu pendant 2 h avec 2 gousses d'ail hachées, 1 morceau de gingembre râpé et 3 c. à s. de sauce soja japonaise. Égouttez, passez le tofu dans de la farine puis dans des graines de sésame. Faites dorer dans un bain d'huile. Égouttez et servez avec le cocktail.

POUR VARIER…

AU SOLEIL LEVANT À LA VODKA

Remplacez le saké par de la vodka.

WORLD CHAMPION

Superposez délicatement dans une flûte 2/10 de sirop de grenadine, 2/10 de liqueur de fruit de la Passion, 2/10 de crème de menthe verte, 2/10 de curaçao bleu et 2/10 de cognac.

ROULÉS DE BANANES AU LARD

Coupez 3 bananes en tronçons de 3 cm. Entourez chacun de 1 tranche de lard fumé. Passez sous le gril pendant 3 min. Servez chaud, avec le cocktail.

CRÉMEUX DE CHOU-FLEUR EN VERRINES

Faites cuire les bouquets de 1 chou-fleur à la vapeur. Mixez-les avec 1 cube de bouillon dilué dans de l'eau, 3 fromages frais de type Kiri® et 1 pincée de noix de muscade. Servez dans des verrines, avec le cocktail.

AU SOLEIL LEVANT

PRÉPARATION : 2 min **POUR** 1 cocktail

3/10 de Cointreau® • 3/10 de rhum blanc • 1/10 de sirop de grenadine • 3/10 de saké

1 Versez le Cointreau® dans un verre à shot.

2 Déposez délicatement le rhum blanc par-dessus, en le faisant couler le long du côté plat d'une cuillère à mélange.

3 Versez ensuite le sirop de grenadine, de la même manière.

4 Terminez par le saké, de la même manière.

5 Servez aussitôt.

Remarque : il est possible de réaliser des cocktails grâce à des ingrédients de densités différentes. Les liquides les plus denses, plus lourds, sont placés au fond du verre, les plus légers au-dessus. Ainsi, ils ne se mélangent pas.

AVALON

PRÉPARATION : 2 min POUR 1 cocktail

glaçons • 3/10 de pastis • 1/10 de curaçao bleu • 6/10 d'eau fraîche

1 Mettez quelques glaçons dans un grand verre.

2 Versez le pastis et le curaçao dans le verre.

3 Remuez à l'aide d'une cuillère à mélange.

4 Complétez avec l'eau fraîche.

5 Servez aussitôt.

POUR VARIER…

FRÉJUS

Mettez des glaçons, 5/10 de pastis, 4/10 de curaçao bleu et 1/10 d'Angostura® bitter dans un verre tumbler. Servez.

BLIZZARD

Mettez des glaçons, 5/10 de vodka, 2/10 de pastis, 2/10 de curaçao bleu et 1/10 de jus de citron dans un shaker. Frappez et passez dans un verre tumbler. Complétez avec du tonic.

TARTELETTES À LA TOMATE

Garnissez 10 moules à tartelette de pâte brisée. Piquez avec une fourchette. Badigeonnez de moutarde, recouvrez de copeaux de comté puis de rondelles de tomate revenues à la poêle. Faites cuire au four préchauffé à 180 °C de 15 à 20 min.

TARTELETTES AU POIREAU

Reprenez la recette ci-dessus et remplacez les tomates par des rondelles de poireau revenues à la poêle. Supprimez la moutarde. Parsemez de noix de muscade râpée.

BARTENDER

PRÉPARATION : 2 min **POUR** 1 cocktail

glaçons • 3/10 de gin • 3/10 de vermouth blanc sec • 2/10 de xérès • 2/10 de Dubonnet® • 1 trait de Grand Marnier® • 1 rondelle de kiwi • 1 quartier d'orange

1 Mettez quelques glaçons dans un verre à mélange.

2 Versez le gin, le vermouth, le xérès, le Dubonnet® et le Grand Marnier® dans le verre.

3 Remuez rapidement à l'aide d'une cuillère à mélange.

4 Filtrez le mélange à l'aide d'une passoire et versez-le dans un verre à cocktail.

5 Décorez avec la rondelle de kiwi et le quartier d'orange.

Remarque : les différents goûts « secs » de ce short drink sont tempérés par le Grand Marnier®.

POUR VARIER…

VICTORIA

Mettez des glaçons, 4/10 de gin, 3/10 de vermouth blanc sec, 2/10 de liqueur de mandarine et 1/10 de sirop de grenadine dans un shaker. Frappez et passez dans un verre à cocktail.

TANGO C

Mettez quelques glaçons, 3/10 de gin, 2/10 de vermouth blanc sec, 2/10 de vermouth rouge, 1/10 de curaçao rouge et 2/10 de jus d'orange dans un shaker. Frappez et passez dans un verre à cocktail.

VERRINES FRAÎCHEUR

Pelez 1 poivron vert, 1 concombre et 3 kiwis. Coupez-les en tout petits dés. Arrosez de jus de citron vert et salez. Répartissez dans des verrines. Servez très frais, avec le cocktail.

CROSTINI AUX ANCHOIS

Faites griller 12 tranches de baguette. Répartissez sur chacune 1 c. à s. de dés de tomate, 1 filet d'anchois roulé sur lui-même et 1 olive verte dénoyautée. Servez avec le cocktail.

BATIDA DE LIMÃO

PRÉPARATION : 2 min POUR 1 cocktail

2/10 de jus de citron vert • 8/10 de cachaça • 3 c. à c. de sucre en poudre • glaçons • quelques rondelles de citron vert

1 Versez le jus de citron vert, la cachaça et le sucre dans un blender.

2 Mixez pendant 15 s.

3 Mettez quelques glaçons dans un grand verre tumbler.

4 Versez le mélange dans le verre.

5 Ajoutez les rondelles de citron vert.

6 Servez aussitôt.

POUR VARIER…

BATIDA DE MEL

Réduisez les proportions de cachaça à 6/10. Remplacez le sucre en poudre par 2/10 de miel. Ajoutez 2 c. à s. de sirop de sucre de canne.

BATIDA DE MORANGO

Réduisez les proportions de cachaça à 6/10. Remplacez le jus de citron vert par 5 fraises.

BATIDA DE MARACUJÁ

Mixez 6/10 de cachaça, 3/10 de jus de fruit de la Passion et 1/10 de sirop de sucre de canne. Servez dans un grand verre tumbler rempli de glaçons.

BATIDA DE COCO

Mixez 5/10 de lait concentré sucré, 3/10 de cachaça et 2/10 de lait de coco. Servez dans un grand verre tumbler rempli de glaçons et parsemez de noix de coco râpée.

POUR VARIER…

BLACK BIRD AUX MÛRES

Remplacez les framboises par des mûres.

MINIPIZZAS AUX CHAMPIGNONS

Découpez 8 disques dans 1 rouleau de pâte à pizza. Badigeonnez chacun de coulis de tomates, ajoutez des lamelles de champignon de Paris revenues à la poêle avec du persil, puis 1 rondelle de mozzarella. Faites cuire au four préchauffé à 180 °C pendant 10 min. Servez avec le cocktail.

MINIPIZZAS AUX QUATRE FROMAGES

Reprenez la recette ci-dessus en remplaçant les champignons par des cubes de gorgonzola, de fromage de chèvre et de cantal. Servez avec le cocktail.

MINIPIZZAS AUX LÉGUMES GRILLÉS

Reprenez la recette ci-dessus en remplaçant les champignons par des morceaux d'aubergine grillée, de poivron grillé et de courgette grillée.

BLACK BIRD

PRÉPARATION : **2 min** POUR **1 cocktail**

6 framboises • 2/10 de sucre en poudre • 1 trait de vinaigre balsamique
glaçons • 8/10 de whisky • 1 trait d'Angostura® bitter

1 Mettez les framboises, le sucre en poudre et le vinaigre balsamique dans un verre à mélange puis écrasez le tout au pilon.

2 Remplissez un shaker à moitié de glaçons.

3 Versez le whisky et l'Angostura® bitter dans le shaker.

4 Frappez énergiquement.

5 Versez le mélange aux framboises au fond d'un verre à cocktail.

6 Complétez avec le contenu du shaker.

7 Servez aussitôt.

BLACK VELVET

PRÉPARATION : **2 min** POUR **1 cocktail**

5/10 de Guinness® • 5/10 de champagne frais

1 Versez la Guinness® et le champagne dans un verre à bière.

2 Servez aussitôt.

Remarque : le black velvet est l'un des rares cocktails à base de bière connus internationalement.

POUR VARIER…

POOR MAN'S BLACK VELVET

Remplacez le champagne par du cidre.

MARÉCHAL

Remplacez la Guinness® par de la pils blonde.

BRICKS DE FROMAGE AUX HERBES

Mélangez 150 g de fromage frais de type Carré frais® avec 50 g de gruyère râpé, ½ bouquet de menthe, ½ bouquet de basilic et 5 brins de ciboulette ciselés. Coupez 6 feuilles de brick en deux. Repliez chaque demi-feuille en deux, déposez 1 c. à s. de mélange et repliez en triangle. Faites dorer à la poêle avec 1 filet d'huile. Servez avec le cocktail.

BRICKS DE FROMAGE AUX ÉPICES

Reprenez la recette ci-dessus en remplaçant les herbes fraîches par ½ c. à c. de paprika doux, ½ c. à c. de curry et 1 pincée de piment doux.

POUR VARIER…

BLUE HAWAII

Conservez les proportions mais réduisez les quantités de chaque ingrédient. Versez dans un grand verre tumbler et complétez avec de la limonade.

BROCHETTES DE SAINT-JACQUES À LA MANGUE

Détaillez 1 mangue en cubes. Sur des piques à cocktail, alternez 1 cube de mangue, 1 noix de saint-jacques, 1 cube de mangue. Faites cuire à la poêle avec de l'huile d'olive pendant 1 min sur chaque face. Servez avec le cocktail.

BROCHETTES DE SAINT-JACQUES À L'ANANAS

Reprenez la recette ci-dessus en remplaçant la mangue par de l'ananas. Vous pouvez utiliser de l'ananas au sirop.

BROCHETTES DE CANARD À LA MANGUE

Reprenez la recette ci-dessus en remplaçant les noix de saint-jacques par des aiguilles de canard coupées en trois.

BLUE HAWAIIAN

PRÉPARATION : **2 min** POUR **1 cocktail**

glace pilée • 3/10 de rhum blanc • 1/10 de curaçao bleu • 4/10 de jus d'ananas • 2/10 de crème de coco • 1 morceau d'ananas

1 Mettez de la glace pilée dans un blender.

2 Ajoutez le rhum, le curaçao, le jus d'ananas et la crème de coco dans le blender.

3 Mixez à puissance maximale de 20 à 30 s.

4 Versez le mélange dans un verre tulipe.

5 Décorez avec le morceau d'ananas.

6 Servez aussitôt.

POUR VARIER…

ELLIPSE

Versez ⅓ de vodka, ⅓ de tequila et ⅓ de curaçao bleu dans un verre à shot. Buvez d'un trait.

COLGATE

Mettez des glaçons, 4/10 de Get 31, 3/10 de vodka, 2/10 de tequila et 1/10 de curaçao bleu dans un shaker. Frappez et passez dans un verre à cocktail.

ELECTRIC BLUE

Mettez des glaçons, 2/10 de vodka, 2/10 de tequila, 3/10 de curaçao bleu et 3/10 de batida de coco dans un grand verre. Complétez avec de la limonade.

CRÈME DE BLEU AUX FRUITS SECS

Mixez le contenu de 1 pot de fromage de type Saint Agur® avec 3 c. à s. de crème fleurette. Mélangez avec 4 abricots secs coupés en cubes et 1 c. à s. de raisins de Corinthe. Servez sur des toasts, avec le cocktail.

BLUE SHARK

PRÉPARATION : **2 min** POUR **1 cocktail**

glaçons • 5/10 de vodka fraîche • 5/10 de tequila • 1 trait de curaçao bleu • 1 torsade de zeste d'orange ou 1 rondelle d'orange

1 Remplissez un shaker à moitié de glaçons.

2 Versez la vodka, la tequila et le curaçao dans le shaker.

3 Frappez puis versez le mélange, à travers une passoire, dans un verre à whisky.

4 Décorez le verre avec la torsade de zeste d'orange ou avec la rondelle d'orange.

5 Servez aussitôt.

Remarque : le curaçao bleu est réalisé à partir d'écorce d'orange séchée. C'est un colorant qui lui donne sa teinte bleue.

POUR VARIER…

MACCA

Mettez quelques glaçons, $^{3}/_{10}$ de vermouth dry, $^{3}/_{10}$ de vermouth rouge, $^{3}/_{10}$ de gin et $^{1}/_{10}$ de crème de cassis dans un verre à mélange. Remuez, passez dans un verre tumbler et complétez avec de la limonade.

LURIN

Mettez quelques glaçons, $^{6}/_{10}$ de gin, $^{2}/_{10}$ de vermouth dry et $^{2}/_{10}$ de crème de cassis dans un shaker. Frappez et passez dans un verre à cocktail.

TOMATES CERISES FARCIES AU ROQUEFORT

Coupez le chapeau de 12 grosses tomates cerises. Retirez la pulpe à l'aide d'une petite cuillère et garnissez chaque tomate de 1 cube de roquefort. Remettez les chapeaux et servez avec le cocktail.

PIQUES DE LÉGUMES GRILLÉS

Alternez sur des piques à cocktail 1 morceau de poivron grillé, 1 morceau de tomate séchée, 1 morceau de courgette grillée et 1 morceau d'aubergine grillée. Servez avec le cocktail.

BOIS ROSÉ

PRÉPARATION : **2 min** POUR **1 cocktail**

glaçons • $^{6}/_{10}$ de vermouth dry • $^{2}/_{10}$ de crème de cassis • $^{2}/_{10}$ de Bénédictine®

1 Mettez quelques glaçons dans un verre à mélange.

2 Versez tous les autres ingrédients dans le verre.

3 Remuez à l'aide d'une cuillère à mélange.

4 Versez le mélange dans un verre à cocktail.

5 Servez aussitôt.

Déco : vous pouvez ajouter 1 cerise à l'eau-de-vie dans le verre.

BUBBLE GLOSS

PRÉPARATION : 2 min **POUR** 1 cocktail

2/10 de Gloss de Suze® • 2/10 de vodka • 6/10 de champagne frais

1 Versez le Gloss dans un coupe à champagne.

2 Ajoutez la vodka, puis le champagne.

3 Servez aussitôt.

Déco : vous pouvez décorer ce cocktail de 1 brochette de cerises, fraîches ou à l'eau-de-vie.

POUR VARIER...

PINK VALENTINE

Mettez de la glace pilée, 3/10 de gin, 5/10 de Gloss de Suze®, 2/10 de Cointreau® et 1 trait de sirop de sucre de canne dans un shaker. Frappez et passez dans un verre à cocktail.

GLAMOUR GLOSS

Mettez quelques glaçons, 4/10 de Gloss de Suze®, 4/10 de gin, 2/10 de jus de citron et 1 trait de sirop de gingembre dans un shaker. Frappez et passez dans un verre à cocktail.

CUILLÈRES DE FOIE GRAS AUX POMMES

Coupez 4 tranches de pain d'épice grillées en quatre. Coupez 400 g de foie gras cru en cubes et 2 pommes en lamelles. Faites cuire rapidement le foie gras à la poêle puis ajoutez les pommes. Garnissez des cuillères à apéritif de 1 morceau de pain d'épice, de 1 morceau de foie gras et de 2 lamelles de pomme.

CUILLÈRES DE FOIE GRAS À LA CONFITURE D'OIGNONS

Reprenez la recette ci-dessus en remplaçant les pommes cuites par de la confiture d'oignons.

POUR VARIER…

KINA

Mettez des glaçons, 4/10 de gin, 3/10 de vermouth blanc sec et 3/10 de Byrrh® dans un shaker. Frappez et passez dans un verre à cocktail.

CHERRY BI-BYRRH

Mettez quelques glaçons, 6/10 de Byrrh® et 4/10 de liqueur de cerise dans un verre à mélange. Remuez et passez dans un verre à cocktail.

CAVIAR D'AUBERGINES

Faites cuire 2 aubergines au four préchauffé à 180 °C pendant 20 min. Pelez-les et coupez les cubes. Mixez avec 1 tomate, 2 petits oignons, 1 gousse d'ail et ½ bouquet de basilic. Salez, poivrez et incorporez 3 c. à s. d'huile d'olive petit à petit. Servez froid, sur des toasts, avec le cocktail.

CAVIAR D'AUBERGINES AUX ÉPICES

Reprenez la recette ci-dessus en remplaçant le basilic par ½ c. à c. de paprika et ½ c. à c. de curry. Ajoutez 1 pincée de cumin et 1 pincée de piment de Cayenne.

BYRRH COCKTAIL

PRÉPARATION : **2 min** POUR **1 cocktail**

glaçons • 4/10 de Byrrh® • 3/10 de vermouth dry • 3/10 de bourbon

1 Remplissez un shaker à moitié de glaçons.

2 Ajoutez tous les autres ingrédients.

3 Frappez puis passez le mélange dans un verre à cocktail.

4 Servez aussitôt.

CAPRI

PRÉPARATION : 2 min POUR 1 cocktail

glaçons • 4/10 de Campari® • 3/10 de vermouth rouge • 3/10 de cognac

1 Remplissez un shaker à moitié de glaçons.

2 Ajoutez tous les autres ingrédients.

3 Frappez puis passez le mélange dans un petit verre tumbler.

4 Servez aussitôt.

Astuce : vous pouvez ajouter 1 zeste de citron dans le verre.

POUR VARIER…

MACCHABÉE

Mettez quelques glaçons, 3/10 de vermouth rouge, 6/10 de cognac et 1/10 de crème de cassis dans un shaker. Frappez et passez dans un verre à whisky.

CARROL COCKTAIL

Mettez quelques glaçons, 3/10 de vermouth rouge et 7/10 de cognac dans un shaker. Frappez et passez dans un verre à cocktail.

TOASTS DE REBLOCHON AU CUMIN

Découpez 3 tranches de pain Poilâne® grillées en deux puis en quatre. Déposez sur chaque toast 1 morceau de reblochon et 1 c. à c. d'oignons revenus à la poêle. Ajoutez 1 pincée de cumin et passez sous le gril. Servez chaud, avec le cocktail.

TOASTS DE REBLOCHON AUX CORNICHONS

Reprenez la recette ci-dessus en remplaçant les oignons par des rondelles de cornichon.

CHERRY BLOSSOM

PRÉPARATION : 2 min POUR 1 cocktail

glaçons • 3/10 de cognac • 3/10 de liqueur de cerise • 2/10 de jus de citron • 1/10 de sirop de grenadine • 1/10 de Cointreau® • 1 cerise à l'eau-de-vie

1 Remplissez un shaker à moitié de glaçons.

2 Versez le cognac, la liqueur de cerise, le jus de citron, le sirop de grenadine et le Cointreau® dans le shaker.

3 Frappez puis passez le mélange dans un verre à cocktail.

4 Ajoutez la cerise à l'eau-de-vie dans le verre.

5 Servez aussitôt.

POUR VARIER...

INCREDIBLE

Mettez quelques glaçons, 6/10 de cognac, 2/10 de liqueur de cerise et 2/10 de Chartreuse® dans un shaker. Frappez et passez dans un verre à cocktail.

AMOUR SANGLANT

Mettez quelques glaçons, 5/10 de cognac, 3/10 de liqueur de cerise et 2/10 de liqueur de vanille dans un shaker. Frappez et passez dans un verre tumbler. Complétez avec du jus d'orange sanguine.

MINISANDWICHS AU SAUCISSON

Superposez 1 miniblini, 2 rondelles de saucisson sec, 1 rondelle de concombre, 1 c. à c. de sauce pour crudités, 1 rondelle de concombre, 2 rondelles de saucisson et 1 miniblini. Renouvelez l'opération 12 fois. Servez avec le cocktail.

MINISANDWHICHS VÉGÉTARIENS

Reprenez la recette ci-dessus en remplaçant le saucisson par des rondelles d'œuf dur ou par des rondelles de tomate. Servez avec le cocktail.

CHOCO-PUNCH

PRÉPARATION : 2 min CUISSON : 5 min POUR 1 cocktail

15 cl de lait • 2 c. à c. de chocolat en poudre + 1 c. à c. pour saupoudrer • 1 c. à c. de café soluble • 1 c. à c. de sucre en poudre • 4 cl de liqueur de café kahlúa • 3 c. à s. de crème fraîche épaisse

1 Mettez le lait, le chocolat en poudre, le café soluble, le sucre en poudre et la liqueur de café dans une casserole.

2 Faites chauffer à feu doux, en remuant régulièrement. Ne laissez pas bouillir.

3 Versez le mélange dans un verre à pied ou un verre tulipe résistant à la chaleur.

4 Fouettez la crème fraîche.

5 Déposez-la sur le cocktail.

6 Parsemez du reste de chocolat en poudre.

7 Servez aussitôt.

POUR VARIER…

CHOCO-PUNCH À LA CANNELLE

Ajoutez 1 à 2 pincées de cannelle moulue dans la casserole. Parsemez le cocktail de cannelle moulue.

BOULES DE FRUITS SECS

Mixez 100 g de pruneaux, 100 g d'abricots secs, 100 g de figues séchées, 50 g d'orange confite et 50 g de citron confit. Formez des petites boules. Servez avec le cocktail.

COOKIES AU CHOCOLAT NOIR

Mélangez 125 g de beurre ramolli avec 125 g de sucre en poudre. Ajoutez 1 œuf battu, 200 g de farine, ½ sachet de levure chimique, 1 pincée de sel et 200 g de pépites de chocolat noir. Formez de petits tas sur une plaque. Faites cuire au four préchauffé à 180 °C de 8 à 10 min. Servez avec le cocktail.

COOKIES AUX TROIS PÉPITES

Reprenez la recette ci-dessus en utilisant 60 g de pépites de chocolat noir, 70 g de pépites de chocolat au lait et 70 g de pépites de chocolat blanc.

CHRISTMAS COCKTAIL

PRÉPARATION : 2 min **CUISSON :** 5 min **POUR** 6 à 8 personnes

2 l de jus de canneberge • 4 pincées de cannelle moulue • 8 clous de girofle • 2 étoiles de badiane • 12 cl de rhum ambré • 1 l d'eau pétillante

1 Versez le jus de canneberge, la cannelle, les clous de girofle et les étoiles de badiane dans une casserole.

2 Portez à ébullition puis retirez du feu et laissez infuser pendant 30 min.

3 Ajoutez le rhum.

4 Remuez à l'aide d'une cuillère à mélange.

5 Laissez refroidir.

6 Versez dans une carafe et servez dans des verres à whisky.

7 Proposez l'eau pétillante à part, de façon que chacun puisse en ajouter dans son cocktail selon son goût.

POUR VARIER...

CHRISTMAS COCKTAIL AU CITRON VERT

Ajoutez le jus de ½ citron vert dans le cocktail en même temps que le rhum.

VIRGIN CHRISTMAS COCKTAIL

Remplacez le rhum ambré par 6 cl de jus d'ananas et 6 cl de jus d'orange.

SABLÉS AU CUMIN

Mélangez 120 g de farine, 70 g de beurre demi-sel ramolli et 2 c. à s. de graines de cumin. Formez 1 boudin de 3 cm de diamètre et réservez au frais pendant 1 h. Coupez en rondelles épaisses et déposez sur 1 plaque. Faites cuire au four préchauffé à 180 °C pendant 15 min. Servez avec le cocktail.

CRÈME DE MUNSTER

Coupez 1 petit munster pelé en morceaux et faites-les fondre à la casserole. Ajoutez 3 c. a s. de crème fraîche épaisse et poivrez. Servez sur des sablés au cumin, avec le cocktail.

COLOMBO

PRÉPARATION : 2 min POUR 1 cocktail

2/10 de crème de cassis • 2/10 de jus de raisin blanc • 6/10 de bière fraîche

1 Versez tous les ingrédients dans un verre à bière.

2 Servez aussitôt.

Remarque : ce cocktail peu alcoolisé est très rafraîchissant.

POUR VARIER...

SNAKEBITE AND BLACK

Versez 1 trait de crème de cassis dans un verre à bière. Ajoutez 5/10 de cidre puis 5/10 de bière brune fraîche, Guinness® de préférence, sans remuer.

GRESSINS AU JAMBON

Coupez 12 lanières de jambon de pays. Tartinez-les de fromage de type Kiri® puis enroulez-les sur des gressins. Servez avec le cocktail.

CRÈME DE LENTILLES CORAIL

Mixez ensemble 200 g de lentilles corail cuites avec 20 cl de lait de coco, 1 c. à c. de curry, du sel et du poivre. Parsemez de coriandre. Servez sur des naans, avec le cocktail.

BROCHETTES FRAÎCHEUR

Alternez sur des piques à cocktail 1 morceau de poivron grillé, 1 bille de mozzarella et 1 bille de melon. Servez avec le cocktail.

CUCARACHA

PRÉPARATION : **2 min** **POUR** **1 cocktail**

3/10 de liqueur de café kahlúa • 7/10 de tequila

1 Versez la liqueur de café et la tequila dans un verre à shot.

2 Flambez pendant quelques secondes.

3 Buvez très rapidement à la paille, pendant que le cocktail flambe encore.

POUR VARIER…

PICADOR

Ajoutez le jus de ½ citron vert. Décorez de 1 zeste de citron vert.

CUCARATCHA

Versez 2/10 de liqueur de café kahlúa, 2/10 de sirop de sucre de canne, 3/10 de rhum blanc et 3/10 de rhum ambré dans un verre à shot. Flambez et buvez très rapidement à la paille.

TIJUANA CAR BOMB

Versez 1/10 de liqueur de café kahlúa, 1/10 de tequila et 8/10 de bière dans un verre à shot. Buvez d'un trait.

BILLES DE JAMBON AU FROMAGE

Mixez 2 tranches de jambon blanc avec 1 gros fromage frais de type Carré frais®. Façonnez des billes puis roulez-les dans de la ciboulette ciselée. Servez sur des piques, avec le cocktail.

POUR VARIER…

GOLDEN BEACH
Versez dans une coupe 1 trait de jus de citron et 1 trait de curaçao bleu. Complétez avec du champagne.

CROSSROAD
Versez dans une flûte 2/10 de curaçao bleu et 8/10 de jus de pamplemousse. Complétez avec du champagne.

ROULÉS DE COURGETTES À LA RATATOUILLE
Coupez 2 courgettes en fines bandes, dans la longueur, à l'aide d'une mandoline. Faites-les cuire pendant 1 min dans de l'eau bouillante. Déposez sur chaque bande 1 c. à s. bombée de ratatouille mixée et égouttée. Roulez, maintenez avec des piques et servez avec le cocktail.

ROULÉS DE COURGETTES À LA TAPENADE
Reprenez la recette ci-dessus en remplaçant la ratatouille par de la tapenade, verte ou noire.

DAY DREAM

PRÉPARATION : **2 min** POUR **1 cocktail**

POUR LE COCKTAIL : glaçons • 2/10 de jus de raisin blanc • 2/10 de vermouth dry • 2/10 de curaçao bleu • 4/10 de gin • champagne frais

POUR LE VERRE : jus de citron • sucre en poudre

1 Givrez une coupe à champagne en passant le bord dans du jus de citron puis dans du sucre en poudre.

2 Remplissez un shaker à moitié de glaçons.

3 Versez le jus de raisin, le vermouth, le curaçao et le gin dans le shaker.

4 Frappez et passez le mélange dans la flûte à champagne.

5 Complétez avec du champagne.

6 Servez aussitôt.

Remarque : ce long drink puissant est composé d'arômes complexes. Il faut le savourer lentement.

DEVIL'S BLOOD

PRÉPARATION : 2 min POUR 1 cocktail

glaçons • $^2/_{10}$ de vodka noire • $^2/_{10}$ de tequila • $^2/_{10}$ de jus de canneberge • 1 cerise confite

1 Mettez quelques glaçons dans un verre évasé.

2 Versez la vodka, la tequila et le jus de canneberge dans le verre.

3 Remuez à l'aide d'une cuillère à mélange.

4 Décorez avec la cerise confite.

Astuce : givrez le verre en le passant dans du jus de citron puis dans du sucre en poudre coloré rouge.

POUR VARIER…

DARK GRAPIN'

Mettez quelques glaçons, $^1/_{10}$ de vodka noire, $^1/_{10}$ de tequila et $^8/_{10}$ de jus de raisin noir très frais dans un verre à whisky. Remuez et servez.

DARK ANGEL

Mettez quelques glaçons, $^2/_{10}$ de vodka noire, $^2/_{10}$ de jagermeister et $^6/_{10}$ de Red Bull® dans un verre tumbler. Remuez et servez.

CRÈME DE FETA AUX FIGUES SÉCHÉES

Mixez 5 grosses figues séchées avec 200 g de feta émiettée et 1 c. à s. d'herbes de Provence, en incorporant 2 c. à s. d'huile d'olive. Salez et poivrez. Servez sur du pain pita, avec le cocktail.

CROQUES DE POMME AU CHÈVRE

Coupez 3 pommes granny-smith en rondelles épaisses après avoir retiré le trognon. Déposez ½ picodon entre 2 rondelles de pomme. Servez avec le cocktail.

EASTER COCKTAIL

PRÉPARATION : **2 min** POUR **1 cocktail**

glaçons • 1 trait de crème de cacao • $^6/_{10}$ de vodka à la vanille • $^2/_{10}$ de liqueur de noisette • $^2/_{10}$ de liqueur de chocolat blanc • 1 trait de crème liquide

1 Remplissez un shaker à moitié de glaçons.

2 Versez tous les autres ingrédients dans le shaker.

3 Frappez puis passez le mélange dans un verre à cocktail.

4 Servez aussitôt.

Déco : vous pouvez décorer le cocktail de 1 morceau d'œuf en chocolat au lait.

POUR VARIER…

NINITCHKA

Mettez quelques glaçons, $^6/_{10}$ de vodka, $^3/_{10}$ de crème de cacao et $^1/_{10}$ de jus de citron dans un shaker. Frappez et passez dans un verre à cocktail.

TWIST

Mettez quelques glaçons, $^8/_{10}$ de vodka, $^1/_{10}$ de liqueur de chocolat et $^1/_{10}$ de liqueur de banane dans un shaker. Frappez et passez dans un verre à cocktail.

MILLE-FEUILLES AU CHOCOLAT

Nappez généreusement 1 langue-de-chat de pâte à tartiner au chocolat, ajoutez 1 autre langue-de-chat nappée de chocolat et recouvrez de 1 dernier biscuit. Renouvelez l'opération 12 fois. Servez avec le cocktail.

CIGARETTES RUSSES À LA CONFITURE DE LAIT

Garnissez délicatement des cigarettes russes de confiture de lait à l'aide d'une poche à douille. Servez avec le cocktail.

POUR VARIER…

WALLACE PUNCH

Mettez de la glace pilée, 6/10 de gin, 4/10 de purée de cerises, 1 trait de sirop de rose et 1 trait de crème de cassis dans un verre à bord évasé.

VERRINES DE FONDUE DE TOMATES AU CONCOMBRE

Faites cuire à feu doux 500 g de tomates pelées coupées en dés avec 2 gousses d'ail hachées, du sel et du poivre. Fouettez 130 g de crème fleurette avec la chair mixée de ½ concombre et 1 c. à s. de jus de citron. Répartissez la fondue de tomate au fond de 10 verrines. Nappez de crème au concombre. Servez avec le cocktail.

VERRINES DE FONDUE DE TOMATES AU BASILIC

Reprenez la recette ci-dessus et remplacez le concombre par 1 bouquet de basilic.

VERRINES DE FONDUE DE TOMATES À LA MENTHE

Reprenez la recette ci-dessus en remplaçant le concombre par 1 bouquet de menthe.

EDEN

PRÉPARATION : **2 min** POUR **1 cocktail**

glaçons • 5/10 de gin • 1/10 de Campari® • 3/10 de jus de citron • 1/10 de sirop de rose • 1 cerise confite

1 Remplissez un shaker à moitié de glaçons.

2 Versez le gin, le Campari®, le jus de citron et le sirop de rose dans le shaker.

3 Frappez puis passez le mélange dans un verre à whisky.

4 Décorez avec la cerise confite.

5 Servez aussitôt.

POUR VARIER…

KGB

Mettez quelques glaçons, ⅓ de liqueur de café kahlúa, ⅓ de Baileys® et ⅓ de Grand Marnier® dans un shaker. Frappez et passez dans un verre à whisky.

SABLÉS AU PARMESAN

Mélangez 120 g de parmesan râpé, 120 g de beurre, 150 g de farine, 2 jaunes d'œufs, 1 c. à c. de piment doux, 1 pincée de sel. Formez 1 long boudin de 3 cm de diamètre et laissez au frais pendant 1 h. Coupez en rondelles épaisses. Faites cuire au four préchauffé à 180 °C pendant 15 min. Servez avec le cocktail.

SABLÉS AUX PIGNONS DE PIN

Reprenez la recette ci-dessus en remplaçant 40 g de parmesan par des pignons de pin. Servez avec le cocktail.

SABLÉS AUX GRAINES DE PAVOT

Reprenez la recette ci-dessus en remplaçant 30 g de parmesan par des graines de pavot. Servez avec le cocktail.

ENJOY

PRÉPARATION : **2 min** POUR **1 cocktail**

⅓ de liqueur de café kahlúa • ⅓ de Baileys® • ⅓ de sirop de caramel

1 Versez la liqueur de café kahlúa dans un verre à shot.

2 Déposez délicatement le Baileys® par-dessus en le faisant couler le long du dos d'une cuillère à mélange.

3 Versez le sirop de caramel par-dessus, de la même manière.

4 Servez aussitôt, avec une paille.

POUR VARIER...

EXOTIC À LA POMME

Remplacez le jus d'ananas par la même quantité de jus de pomme.

EXOTIC GREEN

Mettez quelques glaçons, 4/10 de jus de pamplemousse, 4/10 de jus de poire et 2/10 de curaçao bleu dans un shaker. Frappez et passez dans un verre à whisky.

BROUILLADE AU CURRY

Faites cuire 4 œufs battus au bain-marie. Ajoutez 2 c. à s. de crème fraîche et 25 g de beurre. Faites cuire à feu doux. Salez, poivrez et ajoutez 1 pincée de curry. Servez sur des toasts, avec le cocktail.

CHAUSSONS AU ROQUEFORT

Découpez 8 disques dans 1 rouleau de pâte feuilleté. Déposez 1 morceau de roquefort sur chaque disque et repliez ceux-ci en deux, en soudant les bords. Faites cuire au four préchauffé à 180 °C de 10 à 15 min. Servez avec le cocktail.

EXOTIC

PRÉPARATION : **2 min** POUR **1 cocktail**

7/10 de jus d'ananas frais • 3/10 de liqueur de coco • 1 trait de liqueur de cassis

1 Versez le jus d'ananas et la liqueur de coco dans un verre à shot.

2 Remuez à l'aide d'une cuillère à mélange.

3 Ajoutez la liqueur de cassis.

4 Servez aussitôt.

POUR VARIER…

LADY SCARLETT

Mettez quelques glaçons, 2/10 de vermouth dry, 3/10 de Grand Marnier®, 3/10 de gin, 1/10 de jus de citron et 1/10 d'Angostura® bitter dans un shaker. Frappez et passez dans un verre à cocktail.

PESTO DE NOISETTES

Mixez 150 g de noisettes avec 1 gousse d'ail, 80 g de parmesan, du sel, du poivre et 1 bouquet de basilic. Incorporez petit à petit 10 cl d'huile d'olive. Servez sur des crackers, avec le cocktail.

ŒUFS DE CAILLE EN ROBE DE JAMBON

Faites durcir 16 œufs de caille dans de l'eau bouillante puis écalez-les. Enrobez-les de 1 morceau de jambon de pays. Servez avec le cocktail.

ŒUFS DE CAILLE EN ROBE DE SAUMON

Reprenez la recette ci-dessus en remplaçant le jambon par du saumon fumé. Servez avec le cocktail.

EXPLOSION

PRÉPARATION : **2 min** POUR **1 cocktail**

glaçons • 3/10 de vermouth dry • 2/10 de Grand Marnier® • 2/10 de Pernod® • 3/10 de crème fraîche liquide • 1 trait de sirop de grenadine • 1 trait d'Angostura® bitter • ½ tranche d'orange • 1 cerise confite

1 Remplissez un shaker à moitié de glaçons.

2 Versez le vermouth, le Grand Marnier®, le Pernod®, la crème fraîche, le sirop de grenadine et l'Angostura® bitter dans le shaker.

3 Frappez énergiquement puis passez le mélange dans une large coupe à champagne ou dans un verre à cocktail.

4 Décorez le verre avec la tranche d'orange et la cerise confite.

Remarque : servez ce cocktail doux et aromatique de préférence en digestif.

FLUSH

PRÉPARATION : **2 min** **POUR** **1 cocktail**

glaçons • 6/10 de whisky • 2/10 de vermouth blanc sec • 1 trait de Chartreuse® • 2/10 de jus de canneberge • 1 zeste d'orange • 1 cerise confite

1 Remplissez un shaker à moitié de glaçons.

2 Versez le whisky, le vermouth, la Chartreuse® et le jus de canneberge dans un shaker.

3 Frappez et passez le mélange dans un verre à cocktail.

4 Décorez le verre avec le zeste d'orange et la cerise confite.

5 Servez aussitôt.

POUR VARIER…

FLUSH À LA CERISE

Remplacez le jus de canneberge par du cherry.

MINIQUICHES AU CHÈVRE ET AU BASILIC

Garnissez 8 moules à tartelette de pâte brisée. Battez 3 œufs avec 30 cl de crème fraîche semi-épaisse. Salez. Mettez 2 ou 3 morceaux de bûche de chèvre dans chaque moule et parsemez de basilic haché. Recouvrez d'appareil à quiche et ajoutez du gruyère râpé. Faites cuire au four préchauffé à 180 °C de 15 à 20 min. Servez avec le cocktail.

MINIQUICHES AU POIREAU

Reprenez la recette ci-dessus en remplaçant le chèvre par des rondelles de poireau revenues à la poêle. Supprimez le basilic. Servez avec le cocktail.

MINIQUICHES AUX LARDONS

Reprenez la recette ci-dessus en ajoutant quelques lardons revenus à la poêle dans chaque moule. Servez avec le cocktail.

FRANGELICA

PRÉPARATION : **2 min** **POUR** **1 cocktail**

5/10 de liqueur Frangelico® fraîche • 1/10 de café noir fort • 4/10 de crème fraîche épaisse • poudre de noisettes • 1 noisette entière

1 Versez la liqueur dans un verre à shot.

2 Fouettez le café et la crème fraîche ensemble, de façon à obtenir un mélange aéré.

3 Déposez délicatement la crème obtenue sur la liqueur.

4 Parsemez le cocktail de poudre de noisettes.

5 Décorez avec la noisette entière.

6 Servez aussitôt.

POUR VARIER...

SEX ON THE SNOW

Mettez des glaçons, ¼ d'Amarula®, ¼ de liqueur Frangelico®, ¼ de Baileys®, ¼ de lait dans un shaker. Frappez et passez dans un verre à shot. Parsemez de cannelle.

FRANGELICO ALEXANDER

Mettez ¼ de liqueur Frangelico®, ¼ de cognac et 2/4 de sorbet à la vanille dans un blender. Mixez et passez dans un verre tumbler.

CAMPO DE ARCA

Mettez des glaçons, 5/10 de liqueur Frangelico® et 5/10 de rhum blanc dans un shaker. Frappez et passez dans un verre tumbler.

PANCAKES À LA BANANE

Mélangez 350 g de farine avec 1 sachet de levure chimique et 1 pincée de sel. Ajoutez 4 œufs et 40 cl de lait entier. Fouettez. Laissez reposer pendant 15 min. Versez 2 c. à s. de pâte dans une poêle huilé chaude. Faites cuire pendant 2 min puis ajoutez 3 rondelles de banane, retournez et poursuivez la cuisson. Renouvelez l'opération. Servez avec le coktail.

FROZEN STRAWBERRY

PRÉPARATION : **2 min** POUR **1 cocktail**

glace pilée • 5/10 de tequila • 4/10 de liqueur de fraise • 1/10 de jus de citron • 4 fraises + 1 pour la décoration

1 Versez tous les ingrédients dans un blender.

2 Mixez pendant 10 secondes.

3 Versez le mélange dans un verre à margarita.

4 Décorez avec la fraise restante.

5 Servez aussitôt.

Astuce : utilisez des fraises bien mûres pour préparer ce cocktail.

POUR VARIER...

FROZEN COCO

Remplacez la liqueur de fraise par de la liqueur de coco. Remplacez les fraises par 1 boule de glace à la noix de coco.

FROZEN BANANA

Remplacez la liqueur de fraise par de la liqueur de banane. Remplacez les fraises par ½ banane coupée en rondelles.

FROZEN RASPBERRY

Remplacez la liqueur de fraise par de la liqueur de framboise. Remplacez les fraises par 6 framboises.

CRÈME DE BETTERAVE

Mixez 2 betteraves cuites avec 1 échalote pelée. Mélangez avec 50 g de fromage frais aux fines herbes. Salez, poivrez et ajoutez 1 c. à c. de vinaigre de framboise. Servez sur des toasts de pain grillé, avec le cocktail.

GIPSY

PRÉPARATION : **2 min** POUR **1 cocktail**

glaçons • 6/10 de vodka • 4/10 de Bénédictine® • 1 trait d'Angostura® bitter

1 Remplissez un shaker à moitié de glaçons.

2 Ajoutez tous les autres ingrédients.

3 Frappez énergiquement puis passez dans un verre à shot ou dans un verre à cocktail.

4 Servez aussitôt.

POUR VARIER...

PROBABLY

Mettez des glaçons, 3/10 de vodka, 2/10 de Bénédictine®, 4/10 de jus d'abricot et 1/10 de jus de citron dans un shaker. Frappez et passez dans un verre à cocktail.

ROULETTE

Mettez des glaçons, 4/10 de vodka, 2/10 de Bénédictine®, 4/10 de jus d'ananas et 1 trait de grenadine dans un shaker. Frappez et passez dans un verre à cocktail.

FEUILLETÉS AUX CAROTTES ET AU PAVOT

Faites cuire 2 carottes coupées en cubes à la vapeur. Écrasez-les avec 1 filet d'huile d'olive, salez et parsemez de graines de pavot. Déposez sur des carrés de pâte feuilleté. Repliez les bords vers le centre. Faites cuire au four préchauffé à 180 °C de 10 à 15 min. Servez chaud, avec le cocktail.

CAVIAR DE TOMATES

Mixez 400 g de tomates pelées au jus avec 100 g de tomates séchées, 1 gousse d'ail, 1 bouquet de basilic et 50 g de parmesan râpé. Servez sur des toasts, avec le cocktail.

POUR VARIER…

APICIUS SHOOTER

Superposez délicatement dans un verre à shot 3/10 de liqueur Galliano®, 3/10 de Cointreau®, et 3/10 de crème fraîche mélangée à 1/10 de sirop de fraise. Buvez d'un trait.

GOLDEN CADILLAC

Mixez ⅓ de liqueur Galliano®, ⅓ de crème de cacao et ⅓ de crème fraîche avec de la glace pilée. Servez dans un verre à cocktail.

MINIGALETTES AU FROMAGE DE BREBIS

Découpez de petits disques dans 2 galettes de sarrasin. Superposez les disques 2 par 2. Nappez chaque tas de confiture de cerises, ajoutez 1 morceau de fromage de brebis et parsemez de noix concassée. Servez avec le cocktail.

PESTO DE ROQUETTE

Mixez 2 grosses poignées de roquette avec 1 gousse d'ail, 2 c. à s. de pignons de pin et 100 g de parmesan. Incorporez 15 cl d'huile d'olive petit à petit. Servez sur des morceaux de ciabatta, avec le cocktail.

GOLDEN DREAM

PRÉPARATION : **2 min** POUR **1 cocktail**

glaçons • 3/10 de Galliano® • 3/10 de Cointreau® • 1/10 de jus d'orange • 3/10 de crème fraîche liquide

1 Remplissez un shaker à moitié de glaçons.

2 Versez tous les autres ingrédients dans le shaker.

3 Frappez puis passez le mélange dans un verre à margarita.

4 Servez aussitôt, avec une paille.

Remarque : ce short drink plutôt fort se déguste de préférence comme digestif.

POUR VARIER…

MUDSLINE

Superposez délicatement dans un verre à shot ⅓ de Baileys®, ⅓ de liqueur de café kahlúa et ⅓ de vodka. Buvez d'un trait.

GRAND MARNIER CAFÉ

Versez 10 cl de Grand Marnier® dans un verre à anse résistant à la chaleur. Ajoutez 10 grains de café. Faites flamber pendant 1 min. Laissez tiédir et servez.

BOUCHÉES D'ARTICHAUT À L'ESTRAGON

Mixez le contenu de 1 boîte de fonds d'artichaut avec 3 brins d'estragon, du sel et du poivre. Répartissez le mélange sur de petites tranches de pain de mie grillée et passez sous le gril du four. Surmontez chaque toast de ½ tomate confite. Servez avec le cocktail.

TARAMA DE JAMBON

Mixez ensemble 4 tranches de jambon blanc avec ¼ de concombre et 1 cube de betterave. Incorporez 3 c. à c. d'huile de noix. Servez frais, sur des blinis, avec le cocktail.

GRAN'MA SHOT

PRÉPARATION : **2 min** POUR **1 cocktail**

7/10 de Baileys® • 3/10 de Grand Marnier®

1 Versez la crème de whisky dans un verre à shot rafraîchi.

2 Déposez délicatement le Grand Marnier® par-dessus en le faisant couler le long du dos d'une cuillère à mélange.

3 Servez aussitôt.

POUR VARIER…

GREEN EYES PÉTILLANT

Remplacez le jus de pomme par du Brut de pomme® ou par de l'Orangina®.

HARA-KIRI

Mettez quelques glaçons, 5/10 de liqueur de melon, 5/10 de rhum blanc et 1 trait de jus de citron dans un verre à whisky.

TOASTS NORDIQUES

Coupez 3 pains polaires en petits disques. Déposez sur chacun 1 c. à s. de tartare de saumon. Ajoutez 1 c. à c. d'œufs de saumon et 1 brin d'aneth. Servez avec le cocktail.

PALETS AU FENOUIL

Mélangez 125 g de farine, 75 g de beurre, 1 c. à c. de graines de fenouil écrasées et 100 g de bûche de chèvre émiettée. Formez 1 boudin et coupez en rondelles de 1 cm. Déposez-les sur 1 plaque et faites cuire au four préchauffé à 180 °C pendant 12 min. Laissez refroidir et servez avec le cocktail.

GREEN EYES

PRÉPARATION : **2 min** POUR **1 cocktail**

glaçons • 2/10 de liqueur de melon • 2/10 de rhum blanc • 1/10 de jus de citron vert • 1/10 de liqueur de coco • 4/10 de jus de pomme

1 Remplissez un shaker à moitié de glaçons.

2 Versez tous les ingrédients dans le shaker.

3 Frappez puis passez le mélange dans un verre à bord évasé.

4 Servez aussitôt, avec une paille.

Déco : vous pouvez décorer le verre de 1 morceau d'ananas frais.

POUR VARIER…

GREY CAT AU CHOCOLAT

Ajoutez quelques copeaux de chocolat noir sur le cocktail juste avant de déguster.

AMI CORSE

Superposez délicatement 4/10 de liqueur de menthe, 2/10 de liqueur de café kahlúa et 4/10 de Chartreuse® dans un verre à shot. Flambez et buvez à la paille.

ROCHERS CHOCO-COCO

Faites fondre 100 g de chocolat noir. Ajoutez 6 Bounty® écrasés et mélangez. Ajoutez 2 grosses meringues émiettées. Formez des rochers et passez-les dans de la noix de coco râpée. Servez avec le cocktail.

ROCHERS CHOCO-COCO AUX PETITS-BEURRE

Reprenez la recette ci-dessus en remplaçant les meringues par des petits-beurre émiettés. Servez avec le cocktail.

GREY CAT

PRÉPARATION : **2 min** POUR **1 cocktail**

glaçons • 6/10 de rhum blanc • 2/10 de liqueur de café kahlúa • 2/10 de liqueur de menthe

1 Remplissez un shaker à moitié de glaçons.

2 Versez tous les autres ingrédients dans le shaker.

3 Frappez puis passez le mélange dans un verre à cocktail.

4 Servez aussitôt.

POUR VARIER…

VOLUPTÉ 2

Versez 10 cl de porto ruby, 3 cl de curaçao bleu, 2 cl de cognac, 1 morceau de sucre et 10 cl d'eau dans une casserole puis portez à la limite de l'ébullition. Servez dans un verre à anse.

KLABAUTERMANN

Mettez 1 cl de jus de citron vert, 1 morceau de sucre, 10 cl d'arak et 20 cl de porto rouge dans une casserole. Portez à la limite de l'ébullition. Servez dans un verre à anse.

BILLES AU CHOCOLAT

Coupez 1 bloc de pâte d'amandes en cubes et formez des billes. Faites fondre 200 g de chocolat noir. Passez les billes dans le chocolat et laissez refroidir à température ambiante. Servez avec le cocktail.

BILLES AU CHOCOLAT BLANC

Reprenez la recette ci-dessus en remplaçant le chocolat noir par du chocolat blanc.

HOT BISHOP

PRÉPARATION : **2 min** CUISSON : **10 min** POUR **1 cocktail**

10 cl d'eau • ½ c. à s. de sucre en poudre • 2 clous de girofle 1 pincée de cannelle moulue • 10 cl de porto ruby • 2 cl de cognac • le jus de ½ citron

1 Versez l'eau, le sucre en poudre, les clous de girofle et la cannelle dans une casserole.

2 Faites chauffer et laissez réduire de moitié.

3 Ajoutez le porto ruby et continuez à chauffer tout en remuant.

4 Avant ébullition, versez le mélange dans un verre à anse.

5 Ajoutez le cognac et le jus de citron.

6 Servez très chaud.

POUR VARIER…

JÄGERTEE

Mettez 50 cl de thé noir, 50 cl de vin rouge, 1 bâton de cannelle, 2 clous de girofle et 2 morceaux de sucre dans une casserole puis faites bouillir de 2 à 3 min. Ajoutez 8 cl de rhum ambré et 8 cl de schnaps. Servez chaud, dans des verres à anse.

VERRINES DE PÂTES FOLLES

Mélangez 500 g de pâtes colorées cuites avec des dés d'emmental, des lamelles de jambon cru et des demi-tomates cerises. Arrosez de 1 filet d'huile d'olive et de 1 trait de vinaigre balsamique. Répartissez dans des verrines et servez avec le cocktail.

ROULÉS À L'AUBERGINE

Coupez des bandes de 4 cm dans des feuilles de brick. Nappez chacune de 1 fine couche de caviar d'aubergines puis roulez. Faites cuire au four préchauffé à 210 °C pendant 5 min. Servez avec le cocktail.

ROULÉS À LA TAPENADE

Reprenez la recette ci-dessus en remplaçant le caviar d'aubergines par de la tapenade.

INDIANA

PRÉPARATION : **2 min** CUISSON : **20 min** POUR **10 personnes**

3 citrons non traités • 50 cl d'eau • 3 c. à c. de thé noir • 20 cl de rhum blanc • 25 cl de jus d'ananas • 50 cl de jus d'orange • glaçons

1 Râpez le zeste des citrons.

2 Mettez-les dans une casserole avec de l'eau et faites cuire pendant 20 min.

3 Pendant ce temps, faites bouillir l'eau dans une autre casserole.

4 À l'ébullition, retirez la casserole du feu.

5 Ajoutez le thé noir et laissez infuser.

6 Filtrez le thé et laissez-le refroidir. Ajoutez-y les zestes de citron.

7 Passez le mélange dans une coupe à punch et ajoutez le rhum, le jus d'ananas, le jus d'orange et le jus des 3 citrons.

8 Mélangez et conservez au frais.

9 Servez dans des verres contenant des glaçons.

POUR VARIER…

APPLE JACK

Pour réaliser un apple jack, il suffit de modifier les quantités du jack rose : 5 cl de calvados, le jus de 1 citron et 1 cl de sirop de grenadine.

BRETAGNE

Mettez quelques glaçons, 3 cl de calvados, 1,5 cl de liqueur d'abricot et 0,5 cl de sirop de grenadine dans un shaker. Frappez et passez dans un verre à vin. Décorez de 1 zeste d'orange.

TOASTS DE FOIE GRAS À L'ABRICOT

Faites dorer 12 tranches de pain brioché. Nappez chacune de chutney à l'abricot puis ajoutez 1 morceau de foie gras mi-cuit. Servez avec le cocktail.

TOASTS DE FOIE GRAS À LA MANGUE

Reprenez la recette ci-dessus en remplaçant le chutney à l'abricot par du chutney ou de la confiture de mangues. Servez avec le cocktail.

JACK ROSE

PRÉPARATION : **2 min** POUR **1 cocktail**

glaçons • 4 cl de calvados • le jus de ½ citron • 3 traits de sirop de grenadine

1 Remplissez un shaker à moitié de glaçons.

2 Versez les autres ingrédients dans le shaker.

3 Frappez longuement puis passez le mélange dans un verre à cocktail rafraîchi.

4 Servez aussitôt.

Remarque : le citron est l'un des meilleurs alliés du calvados, dont il exalte les arômes.

JAFFA

PRÉPARATION : 2 min **POUR** 1 cocktail

glaçons • 3/10 de cognac • 3/10 de crème de cacao • 3/10 de crème fraîche liquide • 2 traits d'Angostura® bitter • 1/10 de Mandarine impériale • chocolat en poudre

1 Remplissez un shaker à moitié de glaçons.

2 Versez le cognac, la crème de cacao et la crème fraîche liquide dans le shaker.

3 Frappez rapidement le mélange et filtrez-le.

4 Versez l'Angostura® bitter au fond d'un verre à cocktail.

5 Ajoutez la moitié du contenu du shaker.

6 Nappez de la Mandarine impériale.

7 Versez le reste du mélange par-dessus.

8 Parsemez le cocktail de chocolat en poudre.

9 Servez aussitôt.

POUR VARIER…

PANAMÁ

Supprimez l'Angostura® bitter, la Mandarine impériale et le chocolat en poudre. Utilisez de la crème fraîche légère ou, à défaut, du lait.

CARESSE

Mettez quelques glaçons, 2/4 de cognac, ¼ de crème de cacao et ¼ de liqueur de cerise dans un shaker. Frappez et passez dans un verre à whisky.

CRÈME DE COURGETTE EN VERRINES

Faites revenir 1 oignon haché à la poêle avec de l'huile. Ajoutez 1 kg de dés de courgette, ½ cube de bouillon et 1 l d'eau. Laissez frémir pendant 15 min. Mixez puis ajoutez 1 picodon émietté. Remuez et répartissez dans des verrines. Servez avec le cocktail.

BETTERAVES MARINÉES

Faites mariner pendant 10 min 2 betteraves crues taillées en rondelles avec 6 c. à s. de sauce soja, 4 c. à s. de vinaigre, 3 c. à s. de miel, 2 c. à s. d'huile de sésame, du sel et du poivre. Servez avec le cocktail.

JELLIES & CREAM

PRÉPARATION : 2 min **CUISSON :** 5 min **POUR** 10 shots

15 cl d'eau • 1 sachet de gelée de framboise • 24 cl de vodka glacée • 4 cl de sirop de sucre de canne • 8 cl de liqueur de mûre fraîche • crème fraîche épaisse

1 Faites bouillir l'eau dans une casserole et dissolvez-y la gelée.

2 Ajoutez la vodka, le sirop de sucre de canne et la liqueur de mûre.

3 Répartissez le mélange dans 10 verres à shot, en laissant assez de place pour ajouter la crème fraîche.

4 Réservez au réfrigérateur pendant 12 h.

5 Juste avant de servir, nappez chaque shot de crème fraîche.

6 Servez aussitôt.

POUR VARIER…

JELLIES & CHANTILLY

Montez la crème fraîche en chantilly avec 2 c. à s. de sucre en poudre. Nappez-en chaque shot.

JELLIES & CREAM À LA CANNEBERGE

Remplacez la gelée de framboise par de la gelée à la canneberge (on en trouve au rayon britannique de certaines grandes surfaces ou dans des épiceries spécialisées).

ELECTRIC JELLO

Utilisez de la gélatine nature. Remplacez la liqueur de mûre par du curaçao bleu. Supprimez la crème fraîche.

PIQUES AU CHORIZO

Alternez sur des piques à cocktail 1 rondelle de chorizo, 1 quartier de tomate fraîche épépinée et 1 morceau de mozzarella ou de feta. Servez avec le coktail.

KISS COOL

PRÉPARATION : 2 min **POUR** 1 cocktail

6/10 de vodka glacée • 4/10 de Get 31® • 1 trait de curaçao bleu

1 Versez tous les ingrédients dans un verre à shot.

2 Servez aussitôt : videz le contenu du verre dans la bouche, gargarisez-vous pendant environ 10 s.

3 Avalez et aspirez fortement en entrouvrant légèrement la bouche.

POUR VARIER…

KISS COOL MENTHOL

Mélangez 5/10 de Get 27® et 5/10 de pastis. Dégustez ce cocktail de la même manière que le kiss cool.

FREEDENT

Supprimez le curaçao bleu. Utilisez la vodka et le Get 31® à parts égales.

FLANS DE PETITS POIS À LA MENTHE

Mixez 500 g de petits pois décongelés avec ½ bouquet de menthe. Mélangez-les avec 2 œufs et 4 c. à s. de crème fraîche, du sel et du poivre. Répartissez dans de petits moules beurrés. Faites cuire au four préchauffé à 180 °C, au bain-marie, pendant 30 min.

FLANS DE BROCOLI AUX GRAINES DE COURGE

Reprenez la recette ci-dessus en remplaçant les petits pois par des bouquets de brocolis et la menthe par des graines de courge grillées.

LONG ISLAND ICED TEA

PRÉPARATION : **2 min** **POUR** **1 cocktail**

glaçons • 2/10 de vodka • 2/10 de gin • 2/10 de rhum blanc • 2/10 de Cointreau® • 2/10 de tequila • 1 trait de jus de citron • Coca-Cola®

1 Remplissez un shaker à moitié de glaçons.

2 Versez la vodka, le gin, le rhum, le Cointreau®, la tequila et le jus de citron dans le shaker.

3 Frappez puis passez dans un grand verre.

4 Complétez avec du Coca-Cola®.

5 Servez aussitôt.

Remarque : ce cocktail, créé en 1970, est l'un des rares à mélanger gin et tequila.

POUR VARIER...

LONG ISLAND ICED TEA AU COGNAC

Remplacez la tequila par du cognac.

LONG BEACH ICED TEA

Mettez des glaçons, 2/12 de gin, 2/12 de vodka, 2/12 de rhum blanc, 2/12 de Cointreau®, 2/12 de tequila et 2/12 de jus de canneberge dans un shaker. Frappez puis passez dans un grand verre tumbler.

FEUILLETÉS AU CAMEMBERT

Découpez de petits disques dans 1 pâte feuilletée. Déposez sur chacun 1 morceau de camembert. Parsemez de paprika. Faites cuire au four préchauffé à 180 °C de 10 à 12 min. Servez chaud, avec le cocktail.

AMUSE-GUEULE FAÇON RACLETTE

Répartissez des demi-tranches de bacon sur des rondelles de pommes de terre cuites à l'eau. Ajoutez 1 morceau de fromage à raclette. Passez sous le gril du four. Servez chaud, avec le cocktail.

POUR VARIER…

CLAIR DE LUNE

Mettez quelques glaçons, $^4/_{10}$ de jus d'orange, $^2/_{10}$ de vodka, $^2/_{10}$ de crème de framboise et $^2/_{10}$ d'Angostura® bitter dans un shaker. Frappez et passez dans une flûte. Complétez avec du champagne.

MILLENNIUM

Reprenez la recette ci-dessus en supprimant l'Angostura® bitter et en utilisant les autres ingrédients à parts égales.

FEUILLETÉS À LA COURGETTE ET À LA MENTHE

Faites cuire 3 courgettes coupées en rondelles à la vapeur. Mixez-les avec 10 brins de menthe, 20 cl de crème fraîche épaisse, du sel et du poivre. Garnissez-en de petits disques de pâte feuilletée. Faites cuire au four préchauffé à 180 °C de 10 à 12 min. Servez chaud, avec le cocktail.

FEUILLETÉS À LA COURGETTE ET À LA FETA

Reprenez la recette ci-dessus en remplaçant la crème fraîche par 50 g de feta émiettée.

MARY

PRÉPARATION : **2 min** POUR **1 cocktail**

glaçons • $^5/_{10}$ de vodka • $^4/_{10}$ de liqueur de framboise • $^1/_{10}$ de jus de citron • champagne frais • 2 ou 3 canneberges

1 Remplissez un shaker à moitié de glaçons.

2 Versez la vodka, la liqueur de framboise et le jus de citron dans le shaker.

3 Frappez rapidement puis filtrez le mélange.

4 Passez-le dans une coupe à champagne ou un verre à cocktail.

5 Complétez avec du champagne.

6 Décorez avec les canneberges.

7 Servez aussitôt.

POUR VARIER…

EL SPEEDY
Versez le mélange dans un verre tumbler et complétez avec du jus d'orange.

SPICE LAGOON
Mettez des glaçons, 2/10 de gin, 3/10 de liqueur de coco, 1/10 de jus de citron, 4/10 de jus de banane, 1 trait de curaçao bleu et quelques gouttes de Tabasco® dans un shaker. Frappez et passez dans un verre à cocktail.

LATINA
Mettez des glaçons, 4/10 de gin, 1/10 de liqueur de coco, 3/10 de jus d'ananas, 2/10 de liqueur de banane et 1 trait de crème de menthe dans un shaker. Frappez et passez dans un verre à cocktail.

ŒUFS MARBRÉS AU THÉ
Faites durcir 12 œufs. Cassez leur coquille avec le dos d'une cuillère, sans l'enlever. Faites infuser dans l'eau de cuisson chaude additionnée de 2 c. à s. de thé noir pendant 1 h. écalez les œufs. Servez, accompagné de mayonnaise, avec le cocktail.

MER DE CHINE

PRÉPARATION : **2 min** POUR **1 cocktail**

glaçons • 5/10 de gin • 2/10 de liqueur de coco • 3/10 de curaçao bleu

1 Remplissez un shaker à moitié de glaçons.

2 Versez tous les autres ingrédients dans le shaker.

3 Frappez puis passez le mélange dans un verre à cocktail.

4 Servez aussitôt.

Déco : vous pouvez ajouter 1 cerise confite dans le verre.

MIDORI SOUR

PRÉPARATION : 2 min **POUR** 1 cocktail

glaçons • 4/10 de jus de citron • 6/10 de liqueur de melon • ½ blanc d'œuf

1 Mettez quelques glaçons dans un shaker.

2 Versez les autres ingrédients dans le shaker.

3 Frappez énergiquement puis filtrez le mélange et passez-le dans un verre à mélange rempli de glaçons (jetez ceux qui ont servi à la préparation du cocktail)

4 Servez aussitôt.

Déco : vous pouvez décorer le cocktail de 1 brochette de billes de melon et de pastèque.

POUR VARIER…

PAYS DU SOLEIL-LEVANT

Mettez quelques glaçons, ⅓ de shochu, ⅓ de liqueur de melon et ⅓ de jus de citron dans un shaker. Frappez et passez dans un verre à whisky.

THE UNIVERSE

Mettez des glaçons, 2/10 de liqueur de melon, 1/10 de jus de citron vert, 1/10 de vodka, 1/10 de liqueur de pêche et 5/10 de jus d'ananas dans un shaker. Frappez et passez dans un verre à cocktail.

ÉTOILES DE POLENTA AU SAUMON

Faites cuire 100 g de polenta en suivant les indications sur le paquet. Étalez-la en une couche de 1 cm. Laissez refroidir puis découpez des étoiles à l'emporte-pièce. Déposez sur chacune ½ tranche de saumon fumé. Servez avec le cocktail.

ÉTOILES DE POLENTA AU CHORIZO

Reprenez la recette ci-dessus en remplaçant le saumon fumé par des rondelles de chorizo doux poêlées.

MIMOSA

PRÉPARATION : **2 min** **POUR** **1 cocktail**

4/10 de jus d'orange • 1 trait de liqueur d'orange • 6/10 de champagne frais

1 Versez le jus d'orange et la liqueur d'orange dans une coupe à champagne.

2 Complétez avec le champagne.

3 Servez aussitôt.

Remarque : le mimosa fut créé au Ritz, à Paris, en 1925.

POUR VARIER...

BARBOTAGE

Versez 3/10 de jus d'orange, 1/10 de jus de citron, 1 trait de sirop de grenadine et 6/10 de champagne dans une flûte.

BARBOTAGE AU COGNAC

Versez 2/10 de jus d'orange, 2/10 de cognac, 2/10 de Cointreau®, 1 trait de jus de citron et 4/10 de champagne dans une flûte.

ROULÉS DE JAMBON GRILLÉ

Tartinez 12 tranches de jambon de pays de ricotta. Salez, poivrez et parsemez de feuilles de roquette. Roulez les tranches de jambon et maintenez avec des piques. Faites cuire au four préchauffé à 270 °C pendant 5 min, en retournant à mi-cuisson. Servez avec le cocktail.

ROULÉS DE JAMBON À LA MOZZARELLA ET AUX ÉPINARDS

Reprenez la recette ci-dessus en remplaçant la ricotta par des lamelles de mozzarella et la roquette par des pousses d'épinard.

MOSCOW MULE

PRÉPARATION : **2 min** **POUR** **1 cocktail**

le jus de 1 citron vert • 5 cl de vodka • ginger ale

1 Versez le jus de citron vert et la vodka dans un grand verre tumbler ou dans un verre à cocktail.

2 Allongez avec du ginger ale.

3 Remuez à la cuillère.

4 Servez aussitôt.

Déco : ornez le cocktail de 1 rondelle de citron vert et de 1 pelure de concombre.

POUR VARIER…

MOSCOW MULE À LA POMME

Remplacez le ginger ale par du Brut de pomme®.

MOSCOW SLING

Mettez des glaçons, 4/10 de vodka, 4/10 de liqueur de cerise, 2/10 de Saint-Raphaël® et 1 trait de jus de citron dans un shaker. Frappez et passez dans un verre tumbler. Complétez avec du ginger ale.

CUBES AUX COURGETTES

Faites revenir 2 gousses d'ail et 2 oignons hachés à la poêle avec de l'huile. Ajoutez 1 kg de rondelles de courgette et laissez cuire à couvert pendant 20 min. Mélangez avec 6 œufs battus, ½ bouquet de coriandre, du sel et du poivre. Versez dans un moule à cake et faites cuire au four préchauffé à 180 °C pendant 40 min. Laissez refroidir, coupez en cubes et servez avec le cocktail.

CUBES AUX AUBERGINES

Reprenez la recette ci-dessus en remplaçant les courgettes par des aubergines et la coriandre par du basilic.

POUR VARIER…

CHOUPITO

Supprimez le schnaps à la pêche.

CAF'CONC

Mettez $^{4}/_{10}$ de vodka, $^{3}/_{10}$ de liqueur de pêche et $^{3}/_{10}$ d'amaretto dans un shaker. Frappez et passez dans un verre à cocktail rempli de glace pilée. Ornez de 1 zeste d'orange.

MOULES FARCIES AU PESTO

Faites cuire des moules avec de l'oignon et du vin blanc. Retirez la partie supérieure des coquilles. Farcissez chaque moule de 1 c. à c. de pesto. Passez sous le gril du four. Servez avec le cocktail.

CUILLÈRES DE CAROTTES AU SÉSAME

Faites cuire 8 carottes taillées en dés à la vapeur. Écrasez-les et formez des billes. Passez-les dans des graines de sésame et arrosez-les de 1 filet d'huile d'olive. Faites dorer au four préchauffé à 180 °C pendant 7 min. Servez dans des cuillères à apéritif, avec le cocktail.

MUFF DADDY

PRÉPARATION : **2 min** POUR **1 cocktail**

1 quartier de citron vert • 2 cl de vodka à l'herbe de bison • 1 trait de crème de pêche • 1 trait de schnaps à la pêche

1 Pressez le jus du citron.

2 Versez-le dans un shaker avec les autres ingrédients.

3 Frappez puis passez le mélange dans un verre à shot rafraîchi.

4 Servez aussitôt.

POUR VARIER…

FRAISIER DES BOIS

Mettez des glaçons, 2/10 de liqueur de banane, 2/10 de liqueur de fraise, 2/10 de gin, 1/10 de Grand Marnier® et 3/10 de jus d'orange dans un shaker. Frappez et passez dans un verre tumbler.

LEBAS

Reprenez la recette ci-dessus en supprimant le Grand Marnier®. Complétez avec du tonic.

CHAMPIGNONS À LA GRECQUE

Faites revenir 2 oignons hachés à la poêle avec de l'huile. Ajoutez 1 kg de champignons de Paris émincés, le jus de 2 citrons, 10 cl de vin blanc, 5 brins de coriandre, 1 bouquet garni, du sel et du poivre. Faites frémir pendant 10 min puis retirez le bouquet garni. Laissez refroidir et servez dans des cuillères à apéritif, avec le cocktail.

CHAMPIGNONS À L'ORIENTALE

Reprenez la recette ci-dessus en ajoutant 2 tomates coupées en dés à la préparation.

OSLO

PRÉPARATION : **2 min** POUR **1 cocktail**

2/10 de liqueur de banane • 2/10 de liqueur de fraise • 6/10 de Guinness®

1 Versez tous les ingrédients dans un verre à bière.

2 Servez aussitôt.

Remarque : la bière brune se marie très bien avec des notes aromatiques exotiques.

POUR VARIER…

FROZEN OYSTER SHOT
Versez le jus de tomate dans un récipient en plastique. Mettez au congélateur pour 6 h, en grattant toutes les heures pour séparer les paillettes qui se forment. Utilisez ce granité à la place du jus de tomate.

VIRGIN OYSTER SHOT
Supprimez la vodka et remplacez par 5/10 supplémentaires de jus de tomate.

OYSTER SHOT AND TEQUILA
Remplacez le cocktail à la tomate et à la vodka par un petit verre de tequila glacée.

OYSTER SHOT AUX PAILLETTES D'OR
Pour une grande occasion, parsemez l'huître de quelques paillettes d'or.

OYSTER SHOT

PRÉPARATION : **2 min** POUR **1 cocktail**

5/10 de vodka pimentée glacée • 5/10 de jus de tomate • 3 gouttes de Tabasco® • 1 trait de sauce Worcestershire • 1 trait de jus de citron • poivre noir au moulin • sel de céleri • 1 petite huître

1 Versez la vodka, le jus de tomate, le Tabasco®, la sauce Worcestershire et le jus de citron dans un verre à shot.

2 Poivrez légèrement et ajoutez 1 pincée de sel de céleri.

3 Avalez l'huître et buvez le shot à la suite.

PEPPERMINT FIZZ

PRÉPARATION : 2 min POUR 1 cocktail

glaçons • $^{2}/_{10}$ de jus de citron • $^{4}/_{10}$ de Get 27® • $^{2}/_{10}$ de gin • $^{2}/_{10}$ de limonade

1 Mettez quelques glaçons dans un shaker.

2 Versez le jus de citron, le Get 27® et le gin dans le shaker.

3 Frappez puis passez le mélange dans un verre à cocktail.

4 Complétez avec la limonade.

5 Servez aussitôt.

POUR VARIER…

VASCO

Mettez dans un grand verre tumbler rempli de glace pilée $^{2}/_{10}$ de Get 27®, $^{1}/_{10}$ de gin et $^{2}/_{10}$ de concentré de citron. Complétez avec $^{5}/_{10}$ d'eau gazeuse.

3G

Versez dans un grand verre tumbler $^{5}/_{10}$ de Get 27® et $^{5}/_{10}$ de gin. Complétez avec du Gini®.

MOUSSE DE BRIE AU PAPRIKA

Coupez 200 g de brie en morceaux et faites fondre à la casserole. Ajoutez 3 c. à s. de crème fleurette et fouettez en mousse. Ajoutez ½ c. à c. de paprika. Servez avec le cocktail, en accompagnement de rattes cuites à l'eau.

VERRINES DE BRIE AUX POMMES

Coupez 4 pommes en lamelles et faites-les cuire à la poêle avec de l'huile. Laissez refroidir puis répartissez-les dans des verrines. Recouvrez de mousse de brie au paprika (voir ci-dessus). Servez avec le cocktail.

POUR VARIER…

COWBOY

Remplacez la liqueur de café kahlúa par du schnaps au caramel glacé.

0155

Superposez délicatement dans un verre à shot ⅓ de liqueur de café kahlúa, ⅓ de sambuca et ⅓ de Baileys®. Buvez d'un trait.

PIQUES DE POULET TANDOORI

Enfilez 400 g de dés de blanc de poulet sur des piques à cocktail. Passez les minibrochettes dans 1 yaourt nature mélangé avec 2 c. à s. de mélange d'épices tandoori en poudre. Faites dorer à la poêle avec de l'huile d'olive. Servez avec le cocktail.

SAUCE À LA MENTHE ET À LA CORIANDRE

Mixez 1 yaourt nature avec 10 feuilles de menthe fraîche et 10 brins de coriandre. Salez. Servez en accompagnement des brochettes, avec le cocktail.

POST-SCRIPTUM

PRÉPARATION : **2 min** POUR **1 cocktail**

6/10 de liqueur de café kahlúa • 4/10 de Baileys®

1 Versez la liqueur de café kahlúa dans un verre à shot.

2 Déposez délicatement le Baileys® par-dessus en le faisant couler le long du dos d'une cuillère à mélange.

3 Servez aussitôt, avec une paille.

POUR VARIER…

B4-12

Superposez délicatement dans un verre à shot ⅓ d'amaretto, ⅓ de Baileys® et ⅓ de vodka à la vanille.

BRAIN HAEMORRHAGE

Superposez délicatement 5/10 de schnaps à la pêche et 5/10 de Baileys® dans un verre à shot. Laissez tomber doucement 3 gouttes de grenadine sur le Baileys®.

ABC

Superposez délicatement ⅓ d'Amaretto, ⅓ de Baileys® et ⅓ de Chambord® (ou de liqueur de mûre) dans un verre à shot.

MIKADOS DE CAROTTES

Taillez 6 carottes en longs bâtonnets. Trempez l'extrémité de chacun dans de la mayonnaise puis dans des graines de sésame. Servez avec le cocktail.

QF

PRÉPARATION : **2 min** POUR **1 cocktail**

2/10 de liqueur de café kahlúa • 3/10 de liqueur de melon • 5/10 de Baileys®

1 Versez la liqueur de café kahlúa dans un verre à shot.

2 Déposez délicatement la liqueur de melon par-dessus en la faisant couler le long du dos d'une cuillère à mélange.

3 Ajoutez le Baileys®, de la même manière.

4 Servez aussitôt.

RED LION

PRÉPARATION : 2 min POUR 1 cocktail

glaçons • 3/10 de gin • 2/10 de jus de citron • 2/10 de jus d'orange • 3/10 de Grand Marnier®

1 Remplissez un shaker à moitié de glaçons.

2 Versez tous les autres ingrédients dans le shaker.

3 Frappez puis passez le mélange dans un verre à cocktail ou un verre à vin.

4 Servez aussitôt.

Remarque : ce cocktail, aromatique et plutôt sec, se sert à l'apéritif.

POUR VARIER...

11CLUB11

Remplacez le jus de citron et le jus d'orange par du jus de pamplemousse.

CROSSBOW

Remplacez le jus de citron et le jus d'orange par de la crème de cacao.

ROULÉS DE VIANDE DES GRISONS AU ROQUEFORT

Mélangez 50 g de roquefort écrasé avec 15 g de noix concassées. Nappez 12 tranches de viande des Grisons de ce mélange puis roulez-les. Maintenez avec des piques. Servez avec le cocktail.

ROULÉS DE POULET FUMÉ À LA BROUSSE

Remplacez la viande des Grisons par des tranches de poulet fumé et le roquefort par de la brousse mélangée avec 5 brins de ciboulette et 5 feuilles de basilic ciselés.

POUR VARIER…

DOUBLE K

Versez dans un verre à vin $^{2}/_{10}$ de crème de cassis, $^{4}/_{10}$ de vodka et $^{4}/_{10}$ de vin blanc sec frais.

PAVLOVA SUPREME

Mettez de la glace pilée, $^{8}/_{10}$ de vodka et $^{2}/_{10}$ de crème de cassis dans un verre à mélange. Remuez et versez dans un verre à vin.

PESTO DE CORIANDRE

Mixez 1 bouquet de coriandre avec 100 g de parmesan râpé, 50 g de pignons de pin, 1 gousse d'ail, du sel et du poivre. Incorporez 15 cl d'huile d'olive petit à petit. Servez sur des naans, avec le cocktail.

BLINIS MAISON

Mélangez 160 g de farine et 1 c. à c. de levure de boulanger. Faites un puits et ajoutez 2 jaunes d'œufs, 20 cl de lait, 10 cl de crème liquide et du sel. Mélangez puis laissez reposer pendant 1 h. Montez 2 blancs en neige et incorporez-les au mélange. Faites cuire à la poêle par petites portions. Servez, nappés de pesto de coriandre, avec le cocktail.

RED OCTOBER

PRÉPARATION : **2 min** POUR **1 cocktail**

glaçons • $^{3}/_{10}$ de vodka • $^{1}/_{10}$ de crème de cassis • $^{6}/_{10}$ de tonic

1 Remplissez à moitié un shaker de glaçons.

2 Versez la vodka et la crème de cassis dans le shaker.

3 Frappez puis passez dans un verre à margarita ou un verre à cocktail.

4 Complétez avec du tonic.

5 Servez aussitôt.

POUR VARIER...

CHAMPION DE FRANCE

Superposez délicatement dans un verre à whisky 3/10 de sirop de grenadine, 1/10 de sirop de sucre de canne, 3/10 de rhum blanc et 3/10 de curaçao bleu.

AUTODIDACTE

Superposez délicatement dans une coupe 1/10 de sirop de noix de coco, 1/10 de curaçao bleu, 2/10 de Cointreau®, 2/10 de liqueur d'abricot mélangée au shaker avec 2/10 de rhum blanc, et 2/10 de rhum ambré.

VERRINES DE POMME AU JAMBON

Mélangez 2 pommes coupées en cubes, 4 tranches de jambon sec taillées en morceaux et ½ bûche de chèvre émiettée. Arrosez de vinaigre de framboise et d'huile d'olive. Versez dans des verrines et servez avec le cocktail.

VERRINES DE CONCOMBRE AU POULET

Reprenez la recette ci-dessus en remplaçant les pommes par 1 concombre, le jambon par du blanc de poulet cuit et la bûche de chèvre par de la feta. Utilisez du vinaigre balsmique.

RUSSIAN FLAG

PRÉPARATION : **2 min** POUR **1 cocktail**

4/10 de Campari® • 4/10 de curaçao bleu • 2/10 de crème fraîche épaisse

1 Versez le Campari® dans un verre à shot.

2 Versez délicatement le curaçao par-dessus, en le faisant couler doucement le long du côté plat d'une cuillère à mélange, de façon que les liquides ne se mélangent pas.

3 Fouettez la crème fraîche.

4 Déposez-la délicatement sur le curaçao.

Astuce : *dégustez ce cocktail avec une paille, en la faisant passer d'une couche du cocktail à l'autre.*

POUR VARIER…

SANGRITA À LA GRENADE

Supprimez le shot à la tomate. Remplacez-le par un shot contenant 4/10 de jus d'orange, 4/10 de jus de citron, 2/10 de jus de grenade et 2 pincées de piment en poudre.

SANGRITA AU JUS DE RAISIN

Supprimez le shot à la tomate. Remplacez-le par un shot contenant 7/10 de jus de tomate, 1/10 de jus d'orange, 1/10 de jus de raisin, 1/10 de jus de citron vert et 5 gouttes de Tabasco®.

SANDWICHS POLAIRES À L'HOUMOUS

Coupez 3 pains polaires en cubes. Nappez 1 cube de pain d'houmous, ajoutez 1 morceau de radis noir, nappez de nouveau d'homous et fermez avec 1 autre cube de pain. Renouvelez l'opération. Servez avec le cocktail.

SAUCE COCKTAIL

Mélangez 1 bol de mayonnaise avec 1 c. à s. de ketchup, 1 c. à s. de cognac et 3 gouttes de Tabasco®. Servez en accompagnement de crevettes, avec le cocktail.

SANGRITA

PRÉPARATION : **2 min** POUR **1 cocktail**

glaçons • 2 cl de jus de tomate • 1 trait de sauce Worcestershire • 2 gouttes de Tabasco® • poivre noir au moulin • sel de céleri • 3 cl de tequila • 1 quartier de citron • sel

1 Remplissez un shaker à moitié de glaçons.

2 Versez le jus de tomate, la sauce Worcestershire et le Tabasco® dans le shaker. Poivrez, salez avec le sel de céleri.

3 Frappez puis passez le mélange dans un verre à shot.

4 Versez la tequila dans un autre verre à shot

5 Déposez du sel sur le dos de votre main, léchez-le, buvez le shot, puis mordez dans le quartier de citron vert.

6 Buvez ensuite le shot à la tomate.

SCOTCH SOUR

PRÉPARATION : 2 min **POUR** 1 cocktail

glaçons • 7/10 de scotch • 3/10 de jus de citron • 1 c. à c. de sucre en poudre • 1 cerise confite • 1 tranche de citron

1 Remplissez un shaker à moitié de glaçons.

2 Versez le scotch, le jus de citron et le sucre en poudre dans le shaker.

3 Frappez puis passez le mélange dans un verre à whisky.

4 Décorez avec la cerise confite et la tranche de citron.

5 Servez aussitôt.

POUR VARIER…

TEQUILA SOUR

Remplacez le scotch par de la tequila. Supprimez la cerise et la tranche de citron.

AMARETTO SOUR

Remplacez le scotch par de l'amaretto. Remplacez la tranche de citron par 1 tranche d'orange.

GIN SOUR

Remplacez le scotch par du gin. Ajoutez 3 traits d'Angostura® bitter. Remplacez la cerise et la tranche de citron par des rondelles de concombre.

MINIBROCHETTES DE POULET À L'ANANAS

Faites mariner pendant 1 h 500 g de dés de blanc de poulet avec 1 c. à s. de miel, 2 c. à s. de sauce soja, 2 c. à c. d'huile de sésame et 1 c. à s. de coriandre hachée. Alternez sur des piques 2 morceaux de poulet et 2 morceaux d'ananas. Faites dorer à la poêle avec de l'huile d'olive. Servez avec le cocktail.

SHRUBB

PRÉPARATION : 5 min POUR 10 personnes

3 oranges non traitées • 1 l de rhum agricole • 50 cl de sirop de sucre de canne • 1 gousse de vanille • 2 bâtons de cannelle

1 Prélevez l'écorce des oranges, sans la partie blanche.

2 Laissez-les sécher au soleil pendant 2 jours.

3 Versez le rhum dans un grand saladier.

4 Ajoutez les écorces d'orange et laissez macérer pendant 5 jours.

5 Retirez les écorces d'orange.

6 Ajoutez le sirop de sucre de canne, la gousse de vanille fendue en deux et les bâtons de cannelle. Laissez macérer pendant encore 5 jours.

7 Filtrez le mélange et réservez au réfrigérateur jusqu'au moment de servir.

8 Servez très frais, dans des verres évasés ou des verres à shot.

POUR VARIER...

SHRUBB À LA MANDARINE

Remplacez les oranges par 4 ou 5 mandarines.

COQUILLETTES À L'ORANGE ET AU SAUMON CRU

Mélangez 800 g de saumon cru taillé en dés avec 1 kg de coquillettes cuites froides, 8 oranges pelées coupées en quartiers, le jus de 3 oranges, du sel et du poivre. Répartissez dans des verrines et servez avec le cocktail.

PASTÈQUE AU BACON CARAMÉLISÉ

Faites dorer 12 tranches de bacon coupées en quatre à la poêle, sans matière grasse, puis versez 2 c. à s. de sirop d'érable et laissez caraméliser. Prélevez des billes dans ¼ de pastèque. Mélangez les billes de pastèque et le bacon. Répartissez dans des verrines et servez avec le cocktail.

PASTÈQUE ET MELON AU BACON

Reprenez la recette ci-dessus en remplaçant la moitié des billes de pastèque par des billes de melon.

SMILING

PRÉPARATION : 2 min POUR 1 cocktail

glaçons • 1/10 de cognac • 6/10 de vin blanc sec frais • 3/10 de tonic

1 Rafraîchissez un verre à vin ou une coupe à champagne avec quelques glaçons.

2 Videz-les puis ajoutez les autres ingrédients.

3 Servez aussitôt.

Remarque : ce long drink désaltérant se déguste de préférence à l'apéritif.

POUR VARIER...

SHAN BAO

Mettez 2/10 de cognac, 3/10 de vin blanc, 5/10 de jus d'orange et 1 c. à s. de sucre dans un shaker. Frappez et passez dans un verre à vin. Complétez avec du thé glacé.

MANCHESTER

Mettez 4/10 de vin blanc, 2/10 de cognac, 2/10 de curaçao rouge et 2/10 d'Angostura® bitter dans un shaker. Frappez et passez dans un verre à vin.

SALSA DE TOMATE

Mélangez 500 g de tomates pelées, épépinées et coupées en tout petits dés avec 1 oignon haché, 5 gouttes de Tabasco®, 2 c. à s. de jus de citron vert et ½ piment oiseau haché. Salez. Réservez au réfrigérateur pendant 3 h avant de servir sur des tortillas, avec le cocktail.

SALSA DE TOMATE DOUCE

Reprenez la recette ci-dessus en remplaçant le piment oiseau par 5 brins de basilic hachés.

SOLEIL LEVANT

PRÉPARATION : 2 min **POUR** 1 cocktail

glaçons • 1/10 de sirop de grenadine • 4/10 de liqueur de litchi • 3/10 de jus d'orange • 2/10 de jus d'abricot

1 Mettez quelques glaçons dans un verre à mélange.

2 Ajoutez le sirop de grenadine et la liqueur de litchi dans le verre.

3 Remuez à l'aide d'une cuillère à mélange.

4 Passez le mélange dans un verre à cocktail.

5 Complétez avec le jus d'orange et le jus d'abricot.

6 Servez aussitôt.

POUR VARIER...

SOLEIL LEVANT À LA POMME

Remplacez le jus d'orange par la même quantité de jus de pomme.

SOLEIL COUCHANT

Mettez quelques glaçons, 1/10 de liqueur de litchi, 2/10 de jus d'orange, 7/10 de crémant et 1 trait de sirop de grenadine dans une flûte.

BROCHETTES DE TOFU ET CHAMPIGNONS

Alternez sur des piques ½ champignon de Paris, 1 cube de tofu aux herbes, 1 champignon noir déshydraté préalablement trempé dans de l'eau. Servez avec le cocktail.

DIP AU CHORIZO

Faites revenir 150 g de rondelles de chorizo doux à la poêle. Déglacez avec 1 c. à s. de porto rouge puis mixez le tout en crème avec 1 poivron rouge coupé en dés et 4 c. à s. de mascarpone. Parsemez de ciboulette ciselée. Servez en accompagnement de crudités, avec le cocktail.

STRAWBERRY FIELD

PRÉPARATION : **2 min** **POUR** **1 cocktail**

1 quartier de citron vert • 1 fraise • 1 trait de sirop de fraise • glaçons • 2 cl de vodka à la mûre

1 Mettez le citron vert, la fraise et le sirop de fraise au fond d'un shaker.

2 Écrasez le tout au pilon.

3 Ajoutez quelques glaçons et la vodka.

4 Frappez puis passez le mélange dans un verre à shot.

5 Servez aussitôt.

Astuce : préparez ce cocktail de préférence au printemps et utilisez des fraises de saison.

POUR VARIER…

NICOSHOOT

Superposez délicatement 1 trait de sirop de fraise, 2 cl de vodka et 2 gouttes de Tabasco® dans un verre à shot.

RED SWEET

Mettez des glaçons, $^{2}/_{10}$ de sirop de fraise, $^{2}/_{10}$ de vodka et $^{6}/_{10}$ de jus d'orange dans un shaker. Frappez et passez dans un verre à cocktail.

BROCHETTES DE PÊCHES À LA MOZZARELLA

Alternez sur des piques à cocktail 1 morceau de pêche, 1 morceau de mozzarella et 1 morceau de pêche. Servez avec le cocktail.

VERRINES DE ROQUETTE AUX FRAISES

Répartissez des feuilles de roquette dans des verrines. Ajoutez des fraises coupées en deux et des radis roses taillés en rondelles. Arrosez de vinaigre de framboise et d'huile d'olive. Servez avec le cocktail.

SUISSESSE

PRÉPARATION : 2 min POUR 1 cocktail

glaçons • 7/10 de Pernod® • 3/10 de jus de citron • ½ blanc d'œuf • limonade

1 Remplissez un shaker à moitié de glaçons.

2 Versez le Pernod®, le jus de citron et le blanc d'œuf dans le shaker.

3 Frappez puis passez le mélange dans un grand verre tumbler.

4 Complétez avec de la limonade.

5 Servez aussitôt.

POUR VARIER…

SUZA

Versez 2/10 de Pernod®, 4/10 de Suze et 4/10 d'eau gazeuse dans un grand verre tumbler.

TEQUILA GHOST

Mettez de la glace pilée, 5/10 de tequila, 3/10 de Pernod® et 2/10 de jus de citron dans un shaker. Frappez et passez dans un verre à cocktail.

ROULÉS AU SAUMON FUMÉ

Aplatissez 6 tranches de pain de mie au rouleau. Coupez-les en deux. Badigeonnez chaque morceau d'avocat écrasé et déposez 1 tranche de saumon fumé par-dessus. Roulez le pain sur la farce. Servez avec le cocktail.

ROULÉS À LA VIANDE DES GRISONS

Reprenez la recette ci-dessus en remplaçant l'avocat écrasé par de la confiture de figues et le saumon par de la viande des Grisons. Servez avec le cocktail.

POUR VARIER…

CAPO CABANA

Mettez des glaçons, 5/10 de gin, 3/10 de cognac, 1/10 de liqueur de banane et 1/10 de jus de melon dans un shaker. Frappez et passez dans un verre à cocktail.

HAPPY BIRTHDAY

Frappez des glaçons, 4/10 de crème fraîche, 2/10 de cognac, 2/10 de liqueur de banane et 2/10 d'amaretto dans un shaker. Passez dans un verre à cocktail. Parsemez de chocolat en poudre.

CHAMPIGNONS FARCIS AUX OIGNONS ET AU FROMAGE

Coupez le pied de 12 petits champignons de Paris. Garnissez chaque chapeau de 1 c. à s. d'oignons confits et de 1 cube de saint-nectaire. Maintenez avec des piques. Faites cuire au four préchauffé à 210 °C jusqu'à ce que le fromage fonde légèrement.

CHAMPIGNONS FARCIS À LA COPPA ET AU FROMAGE

Reprenez la recette ci-dessus en remplaçant les oignons confits par de la coppa taillée en allumettes, et le fromage à raclette par du saint-nectaire.

SUMMER FUN

PRÉPARATION : **2 min** POUR **1 cocktail**

glaçons • 3/10 de cognac • 2/10 de liqueur de banane • 3/10 de jus d'ananas • 2/10 de jus d'orange

1 Remplissez un shaker à moitié de glaçons.

2 Ajoutez tous les autres ingrédients dans le shaker.

3 Frappez puis passez le mélange dans un grand verre tumbler.

4 Servez aussitôt.

POUR VARIER…

TAHITI AU FRUIT DE LA PASSION

Remplacez le jus d'ananas par du jus de fruit de la Passion.

TAHITI À LA GOYAVE

Remplacez le jus d'ananas par du jus de goyave.

POIVRONNADE

Faites griller 1 kg de poivrons rouges et pelez-les. Taillez-les en lanières. Faites cuire à l'huile d'olive avec 4 tomates coupées en dés, 1 gousse d'ail, 10 feuilles de basilic hachées et 5 filets d'anchois jusqu'à obtention d'une fondue. Servez sur des toasts, avec le cocktail.

BRICKS DE ROUGET À LA POIVRONNADE

Coupez 6 feuilles de brick en deux. Sur chaque moitié, déposez 1 filet de rouget, tartinez de poivronnade (voir ci-dessus), parsemez de thym et salez. Repliez en triangles. Faites cuire au four préchauffé à 210 °C pendant 10 min. Servez chaud, avec le cocktail.

TAHITI

PRÉPARATION : **10 min** POUR **30 à 40 personnes**

1 l de rhum blanc • 1 l de rhum vieux • 30 cl de Grand Marnier® • 3 l de jus d'orange • 3 l de jus d'ananas • 30 cl de sirop de sucre de canne • 1 gousse de vanille • 2 citrons verts non traités

1 Versez les rhums, le Grand Marnier®, les jus de fruits et le sirop de sucre de canne dans un grand saladier.

2 Mélangez le tout.

3 Fendez la gousse de vanille en deux et récupérez les graines.

4 Ajoutez-les à la préparation avec la gousse.

5 Lavez les citrons et coupez-les en quartiers. Pressez-en le jus au-dessus du mélange et ajoutez les morceaux à la préparation.

6 Mélangez de nouveau.

7 Laissez reposer pendant au moins 6 h au réfrigérateur.

8 Servez à l'aide d'une louche.

POUR VARIER…

COQUELICOT

Mettez des glaçons, 3/10 de vodka, 4/10 de liqueur de fraise, 2/10 de Cointreau® et 1/10 de jus de citron dans un shaker. Frappez et passez dans un verre à cocktail.

FRENCH

Versez 2/10 de curaçao bleu, 3/10 de vodka, 3/10 d'anisette et 2/10 de liqueur de fraise dans un verre à cocktail, dans cet ordre, sans mélanger.

PESTO D'ASPERGE VERTE

Faites cuire 1 botte d'asperges vertes à la vapeur. Mixez-les avec 100 g de parmesan, 25 g de pignons de pin, du sel et du poivre. Incorporez petit à petit 15 cl d'huile d'olive. Servez sur des blinis, avec le cocktail.

COROLLES DE BACON AU PESTO D'ASPERGE

Déposez 1 tranche de bacon dans chaque compartiment d'un moule à muffins. Mettez sous le gril pour 15 min puis ajoutez 2 c. à s. de pesto d'asperge (voir ci-dessus) dans chaque corolle. Remettez au four pour 5 min. Servez avec le cocktail.

THE KISS

PRÉPARATION : 2 min POUR 1 cocktail

glaçons • 6/10 de vodka • 4/10 de liqueur de fraise

1 Mettez quelques glaçons dans un shaker.

2 Versez la vodka et la liqueur de fraise dans le shaker.

3 Frappez puis passez dans un verre à shot.

4 Servez aussitôt.

Astuce : utilisez de la vodka aromatisée à la fraise, pour accentuer encore le goût de fruit.

POUR VARIER…

FUN

Mettez des glaçons, 2/10 de liqueur de coco, 1/10 de liqueur de melon, 3/10 de jus de banane et 4/10 de jus d'ananas dans un shaker. Frappez et passez dans un verre tumbler.

KARNEVAL

Mettez des glaçons, 3/10 de liqueur de coco, 3/10 de liqueur de melon, 3/10 de xérès sec et 1/10 de Coco López®. Frappez et passez dans un verre à cocktail. Décorez de 1 bille de melon.

BROCHETTES DE MERGUEZ AUX POIVRONS

Coupez 6 merguez en trois. Alternez sur des piques 1 cube de poivron vert, 1 morceau de merguez, 1 cube de poivron rouge, 1 morceau de merguez, 1 cube de poivron jaune. Renouvelez l'opération pour 9 brochettes. Faites cuire au barbecue. Servez avec le cocktail.

BROCHETTES DE SAUCISSE AUX TOMATES

Alternez sur des piques 1 rondelle de saucisse de Toulouse cuite, ½ tomate cerise, 1 rondelle de saucisse et ½ tomate cerise. Servez froid.

TROPICAL NIGHT

PRÉPARATION : **2 min** POUR **1 cocktail**

glace pilée • 3/10 de liqueur de coco • 3/10 de liqueur de melon • 2/10 de jus de citron vert • 2/10 de jus de citron • rondelles de citron vert

1 Remplissez un shaker à moitié de glace pilée.

2 Versez les liqueurs et les jus de citron dans le shaker.

3 Frappez puis passez dans un verre à cocktail ou un verre à vin.

4 Décorez le verre de rondelles de citron vert.

5 Servez aussitôt.

VAMPIRE'S KISS

PRÉPARATION : **2 min** POUR **1 cocktail**

glaçons • 6/10 de rhum • 4/10 de liqueur de melon • 1 goutte de Tabasco® • tonic • 1 framboise

1 Remplissez un shaker à moitié de glaçons.

2 Versez le rhum, la liqueur de melon et le Tabasco® dans le shaker.

3 Frappez puis passez le mélange dans un grand verre tumbler.

4 Complétez avec le tonic.

5 Décorez avec la framboise.

6 Servez aussitôt.

Déco : pour une soirée à thème sur Halloween, mélangez du jus de citron avec un peu de sucre et du colorant alimentaire rouge puis ornez-en le verre.

POUR VARIER…

EXPRESS G

Mettez des glaçons, 4/10 de rhum cubain, 3/10 de liqueur de melon et 3/10 de sirop de sucre de canne dans un shaker. Frappez et passez dans un verre tumbler.

TARTARE DE SAINT-JACQUES

Taillez 6 noix de saint-jacques en fines rondelles. Faites-les mariner pendant 5 min dans un mélange de 2 c. à s. d'huile d'olive, 2 c. à s. de jus de citron vert, 1 c. à s. de coriandre ciselée, 1 c. à s. de sauce soja, du sel et du poivre. Servez avec le cocktail.

MINICRÊPES BŒUF-BOURSIN

Préparez 6 crêpes et découpez-y de petits disques à l'aide d'un emporte-pièce. Déposez sur chacun 1 c. à s. de bœuf haché cuit et 1 c. à s. de Boursin®. Faites cuire au four préchauffé à 180 °C pendant 10 min. Servez avec le cocktail.

MINICRÊPES À LA BOLOGNAISE

Reprenez la recette ci-dessus en remplaçant le Boursin® par des dés de tomate cuits avec 2 échalotes.

POUR VARIER…

GREEN VESPER
Remplacez le Lillet® blanc par de l'absinthe.

CANAPÉS À L'ITALIENNE
Coupez ½ baguette en rondelles. Frottez-les avec de l'ail et de la tomate. Nappez chaque rondelle de pesto, puis ajoutez 1 morceau de coppa. Servez avec le cocktail.

CANAPÉS À LA GRECQUE
Remplacez le pesto par du caviar d'aubergines et la coppa par des cubes de feta.

CANAPÉS À LA MEXICAINE
Remplacez le pesto par du guacamole et la coppa par du bœuf haché cuit.

VESPER

PRÉPARATION : **2 min** POUR **1 cocktail**

glaçons • 6/10 de gin • 3/10 de vodka • 1/10 de Lillet® blanc • 1 tranche de citron

1 Remplissez un shaker à moitié de glaçons.

2 Versez le gin, la vodka et le Lillet dans le shaker.

3 Frappez puis passez le mélange dans un verre à cocktail.

4 Décorez avec la tranche de citron.

5 Servez aussitôt.

Remarque : le Lillet® blanc est un apéritif composé d'un mélange de vin, de liqueur de fruits et d'herbes.

VODKA MALABAR

PRÉPARATION : 2 min POUR 1 cocktail

6 cl de vodka • 1 c. à c. de sucre en poudre • 2 Malabar® • glaçons

1 Versez la vodka dans un bocal à fermeture hermétique.

2 Ajoutez le sucre et remuez pour le dissoudre.

3 Mettez les Malabar® dans le bocal.

4 Laissez infuser de 24 à 72 h, en remuant de temps à autre.

5 Filtrez le mélange puis passez-le dans un verre à whisky rempli de glaçons.

6 Servez aussitôt.

POUR VARIER…

VODKA TAGADA

Remplacez les Malabar® par 3 fraises Tagada®. Supprimez le sucre en poudre.

VODKARAMBAR

Remplacez les Malabar® par 1 carambar. Supprimez le sucre en poudre.

VODKARLEQUIN

Remplacez les Malabar® par 2 bonbons Arlequin®. Supprimez le sucre en poudre.

VODKABANANE

Remplacez les Malabar® par 3 bonbons bananes. Supprimez le sucre en poudre.

POUR VARIER…

TGV VERT

Mettez de la glace pilée, ⅓ de vodka, ⅓ de liqueur de menthe verte et ⅓ de tequila dans un verre à dégustation.

VLADIVOSTOK

Mettez des glaçons, 5/10 de vodka, 3/10 de liqueur de menthe verte et 2/10 de jus de citron dans un shaker. Frappez et passez dans un verre à cocktail. Décorez de 1 rondelle de citron.

BOUCHÉES DE MANGUE À L'AVOCAT

Déposez 1 c. à s. de guacamole sur 1 chips de mangue. Renouvelez l'opération plusieurs fois. Servez avec le cocktail.

BOUCHÉES DE BETTERAVE AU TZATZIKI

Déposez 1 c. à s. de tzatziki sur 1 chips de betterave. Renouvelez l'opération plusieurs fois. Ornez chaque bouchée de 1 feuille de menthe. Servez avec le cocktail.

WHITE SPIDER

PRÉPARATION : **2 min** POUR **1 cocktail**

glaçons • 5/10 de vodka • 5/10 de liqueur de menthe incolore

1 Mettez quelques glaçons dans un verre à whisky.

2 Ajoutez la vodka et la liqueur de menthe.

3 Remuez à l'aide d'une cuillère à mélange.

4 Servez aussitôt.

Déco : vous pouvez décorer ce cocktail de quelques feuilles de menthe.

Bar à
COCKTAILS

COCKTAILS SANS ALCOOL

ACE

PRÉPARATION : 2 min POUR 1 cocktail

glaçons • 6/10 de jus de carotte • 3/10 de jus d'orange • 1/10 de jus de citron vert

1 Mettez quelques glaçons dans un grand verre tumbler.

2 Ajoutez les jus de légume et de fruits.

3 Remuez à l'aide d'une cuillère à mélange.

4 Servez aussitôt.

Remarque : ce cocktail doit son nom aux trois vitamines (A, C et E) qu'il apporte.

POUR VARIER…

ACE AUX FRUITS FRAIS

Pressez le jus de 1 orange et de ½ citron. Versez dans un grand verre tumbler rempli à moitié de glaçons. Ajoutez 2 carottes mixées au blender.

EXOTISTIC

Mélangez 3/10 de jus d'orange, 3/10 de jus de pomme, 2/10 de jus de carotte et 2/10 de jus de kiwi dans un grand verre tumbler.

CUPCAKES À LA CAROTTE

Fouettez 150 g de beurre en pommade avec 150 g de sucre en poudre. Incorporez 3 œufs, 200 g de farine, 1 sachet de levure chimique et 250 g de carottes râpées. Répartissez dans des caissettes en papier. Faites cuire au four préchauffé à 180 °C pendant 15 min. Laissez refroidir et servez avec le cocktail.

CUPCAKES AU GLAÇAGE BLANC

Fouettez 300 g de ricotta, 230 g de beurre en pommade et 60 g de sucre glace. Répartissez sur des cupcakes à la carotte cuits (voir ci-dessus). Servez avec le cocktail.

AMARENA

PRÉPARATION : 2 min **POUR** 1 cocktail

1 pêche blanche • 2 framboises • $^{2}/_{10}$ de jus de citron • $^{8}/_{10}$ de jus de grenade • glaçons

1 Pelez la pêche et retirez le noyau. Coupez la chair en morceaux.

2 Lavez les framboises.

3 Mettez les fruits dans un blender.

4 Ajoutez le jus de citron, le jus de grenade et quelques glaçons puis mixez.

5 Versez le mélange dans un verre tumbler.

6 Servez aussitôt.

POUR VARIER…

GRENADIER

Mettez des glaçons, $^{5}/_{10}$ de jus d'orange, $^{4}/_{10}$ de nectar de pêche et $^{1}/_{10}$ de sirop de framboise dans un shaker. Frappez et passez dans un grand verre tumbler.

BALAWECH

Mixez la chair de la pêche avec ¼ de banane. Mélangez avec $^{6}/_{10}$ de jus d'orange, $^{3}/_{10}$ de jus d'abricot, $^{1}/_{10}$ de jus de citron vert, 1 c. à c. de miel et 1 trait de grenadine. Servez dans un verre tumbler.

CRUMBLE EXPRESS DE PÊCHES AUX SPÉCULOOS

Coupez 6 pêches en deux. Déposez 1 morceau de beurre sur chaque moitié puis parsemez de spéculoos émiettés. Faites cuire au four préchauffé à 180 °C pendant 10 min. Servez avec le cocktail.

CRUMBLE DE PÊCHES AUX PETITS-BEURRE

Reprenez la recette ci-dessus en remplaçant les spéculoos par des petits-beurre.

POUR VARIER…

APPLE FIZZ

Mettez des glaçons, 8/10 de jus de pomme, 2/10 de jus de citron, 1 blanc d'œuf et 1 trait d'extrait de vanille dans un shaker. Frappez et passez dans un verre tumbler. Complétez avec de la limonade.

AUGUST MOON

Mettez des glaçons, 5/10 de jus de pomme, 5/10 de jus de framboise, 1 trait de citron vert et 1 c. à c. de miel dans un shaker. Frappez et passez dans un verre tumbler.

MINIMUFFINS À LA POMME ET AUX AMANDES

Mélangez 120 g de farine, 30 g de poudre d'amandes, 50 g de sucre, ½ sachet de levure chimique et 2 pommes taillées en dés. Incorporez 50 g de beurre fondu mélangé à 1 œuf et 20 cl de lait. Versez dans des moules à minimuffins et faites cuire au four préchauffé à 210 °C pendant 10 min. Servez avec le cocktail.

MINIMUFFINS À L'ABRICOT

Reprenez la recette ci-dessus en remplaçant les pommes par 6 abricots.

APPLE COBBLER

PRÉPARATION : **2 min** POUR **1 cocktail**

glaçons • 7/10 de jus de pomme • 3/10 de jus de citron • 3 gouttes d'extrait de vanille • 1 tranche de pomme

1 Mettez quelques glaçons dans un grand verre tumbler.

2 Versez le jus de pomme, le jus de citron et l'extrait de vanille dans le verre.

3 Remuez à l'aide d'une cuillère à mélange.

4 Décorez le verre avec la tranche de pomme.

5 Servez aussitôt.

Astuce : pour un résultat meilleur, utilisez du jus de pomme fraîchement mixé dans un blender.

HOT
DRINKS
herb tea,
hot wine,

AT THE BAY

PRÉPARATION : 10 min POUR 2 ou 3 cocktails

½ ananas • 100 g de framboises • 15 cl de jus de raisin • 15 cl d'eau • 6 glaçons

1 Pelez l'ananas et coupez-le en morceaux.

2 Mettez-les dans un blender.

3 Ajoutez les autres ingrédients et mixez.

4 Versez le mélange dans des verres tumbler.

5 Servez aussitôt.

Astuce : pour que le cocktail soit bien frais, réservez les fruits et le jus de raisin au réfrigérateur au moins 1 h avant de préparer la boisson.

POUR VARIER…

AT THE BAY AU PAMPLEMOUSSE

Remplacez les morceaux d'ananas par la chair de 3 pamplemousses roses.

DIVIN GAULOIS

Mixez de la glace pilée avec 15 cl de jus d'ananas, 100 g de framboises, 15 cl de jus de pomme et 1 c. à s. de sirop de sucre de canne. Servez dans des verres tumbler.

BEIGNETS À L'ANANAS

Pelez 1 ananas et taillez-le en larges bâtonnets. Mélangez 200 g de farine avec 40 g de sucre en poudre, 1 sachet de levure chimique, 1 œuf et 20 cl de lait. Enrobez chaque bâtonnet d'ananas de pâte puis faites cuire poignée par poignée dans un bain d'huile. Servez avec le cocktail.

BEIGNETS À L'ANANAS AROMATISÉ

Reprenez la recette ci-dessus en faisant préalablement macérer les bâtonnets d'ananas dans 20 cl de rhum ambré pendant 1 h.

BANANA SPRINT

PRÉPARATION : 5 min **POUR** 1 cocktail

2 bananes • glaçons • 1 trait de sirop de citron • 1 œuf

1 Pelez les bananes et coupez-les en morceaux.

2 Mettez-les dans un blender.

3 Ajoutez quelques glaçons, le sirop de citron et l'œuf.

4 Mixez puis passez le mélange dans un grand verre tumbler.

5 Servez aussitôt.

POUR VARIER...

BANANA SPRINT FIZZ

Supprimez le sirop de citron. Utilisez seulement ½ banane et complétez avec de la limonade.

BANANARAMA

Mixez au blender ½ banane, 12 cl de jus d'abricot et 4 cl de lait de coco. Servez dans un verre tumbler.

MINIBANANA SPLIT (POUR 1 PERSONNE)

Déposez sur une coupelle ⅓ de banane pelée et coupée en deux dans la longueur arrosée de jus de citron. Disposez entre les 2 morceaux 1 bille de glace au chocolat, 1 bille de glace à la vanille et 1 bille de glace à la fraise. Nappez de chocolat fondu et de chantilly. Servez avec le cocktail.

BANANES RÔTIES

Taillez 6 bananes pelées en rondelles. Déposez-les sur une plaque de cuisson et badigeonnez-les de miel. Faites cuire au four préchauffé à 180 °C pendant 10 min. Servez dans des cuillères, avec le cocktail.

POUR VARIER…

BOLÉRO SANGUIN

Remplacez l'orange par 1 orange sanguine.

FLEUR CÉLESTE

Remplacez l'eau de fleur d'oranger par du jus de citron vert et l'eau par un supplément de jus d'orange.

MINICRÊPES À L'EAU DE FLEUR D'ORANGER

Mélangez 200 g de farine, 50 g de Maïzena®, 3 c. à s. de sucre en poudre, 4 œufs, 2 c. à s. d'huile et 1 c. à s. d'eau de fleur d'oranger. Faites cuire sur un appareil multicrêpes de 1 min à 1 min 30 sur chaque face. Saupoudrez de sucre de canne et servez avec le cocktail.

SORBET À L'ORANGE

Mélangez le jus de 5 oranges filtré avec 1 sirop de sucre réalisé avec 3 c. à s. de sucre en poudre et 3 c. à s. d'eau. Ajoutez le zeste râpé de 1 orange. Laissez glacer en sorbetière et servez avec le cocktail.

BOLÉRO

PRÉPARATION : **5 min** POUR **2 ou 3 cocktails**

1 orange • 200 g de fruits rouges • 1 c. à s. d'eau de fleur d'oranger • 20 cl d'eau • 4 glaçons

1 Pressez le jus de l'orange.

2 Mettez les fruits rouges dans un blender et mixez pendant 15 s.

3 Ajoutez le jus d'orange, l'eau de fleur d'oranger, l'eau et les glaçons.

4 Mixez de nouveau puis passez le mélange dans de grands verres tumbler.

5 Servez aussitôt.

Astuce : vous pouvez utiliser des fruits rouges surgelés.

BUGS BUNNY

PRÉPARATION : 2 min POUR 1 cocktail

glaçons • 6/10 de jus de carotte • 3/10 de jus de tomate • 1/10 de jus de citron • sel de céleri • poivre

1 Mettez quelques glaçons dans un blender.

2 Ajoutez les jus de carotte et de fruits, du sel de céleri et du poivre.

3 Mixez pendant 10 s puis passez le mélange dans un grand verre tumbler.

4 Servez aussitôt.

POUR VARIER...

TONIFIANT

Mixez des glaçons, 2/10 de jus de carotte, 2/10 de jus de tomate, 1/10 de jus de citron vert, 3/10 de jus de cresson et 2/10 de jus de radis dans un blender. Versez dans un verre à cocktail.

CIGOGNE

Versez 3/10 de jus de carotte, 2/10 de jus de tomate, 2/10 de jus de céleri, 2/10 de jus de choucroute et 1/10 de jus de navet dans un verre tumbler puis remuez.

VERRINES DE CLÉMENTINE

Déposez 1 c. à s. de sirop d'érable au fond d'une verrine. Ajoutez ½ pot de mousse de yaourt et complétez par 4 quartiers de clémentine. Renouvelez l'opération. Servez avec le cocktail.

TARTINADE AU CARAMEL

Faites chauffer 100 g de sucre en poudre à sec puis ajoutez 20 cl de crème liquide et 50 g de beurre salé puis mélangez. Laissez refroidir. Tartinez sur du pain de mie complet. Servez avec le cocktail.

BUISSONNIER

PRÉPARATION : **2 min** POUR **1 cocktail**

2/10 de sirop de cassis • 2/10 de sirop de groseille • 6/10 de jus de groseille • 1 glaçon

1 Versez le sirop de cassis et le sirop de groseille dans un grand verre tumbler ou dans un verre à vin.

2 Ajoutez le jus de groseille.

3 Remuez à l'aide d'une cuillère à mélange.

4 Ajoutez le glaçon.

5 Servez aussitôt.

POUR VARIER…

BUISSONNIER À LA FRAMBOISE

Remplacez le sirop de groseille par du sirop de grenadine et le jus de groseille par du jus de framboise.

ÉCARLATE

Remplissez un petit verre tumbler d'infusion de fleur d'oranger. Ajoutez 1 trait de sirop de cassis, 1 trait de sirop de groseille et 1 trait de sirop de fraise.

TARTELETTES AUX FRUITS ROUGES

Garnissez des moules à tartelette de pâte sablée et faites cuire à blanc pendant 10 min. Parsemez la pâte de poudre d'amandes et garnissez de fruits rouges. Servez avec le cocktail.

TARTELETTES AMANDINES

Reprenez la recette ci-dessus en disposant tous les ingrédients dans les moules. Répartissez par-dessus un mélange de 80 g de beurre, 100 g de sucre en poudre et 80 g de poudre d'amandes. Faites cuire au four préchauffé à 180 °C pendant 25 min.

CARLITA

PRÉPARATION : **5 min** **POUR** **3 ou 4 cocktails**

6 gros abricots bien mûrs • 20 cl de jus de carotte frais • 40 cl de jus d'orange frais

1 Lavez les abricots. Coupez-les en deux et retirez les noyaux.

2 Mettez-les dans un blender et mixez.

3 Ajoutez les jus de carotte et d'orange puis mixez de nouveau jusqu'à obtention d'un mélange bien homogène.

4 Servez aussitôt.

Astuce : ajoutez un peu de sucre selon votre goût.

POUR VARIER…

CARLITA À LA PÊCHE

Remplacez les abricots par 3 pêches fraîches.

ABRICOT FRAPPÉ

Mettez des glaçons, 4/10 de jus d'abricot, 4/10 de jus d'ananas, 1/10 de jus de citron vert et 1/10 de sirop de cerise dans un shaker. Frappez et passez dans un verre tumbler.

ABRICOTS À LA MENTHE

Coupez 10 abricots dénoyautés en quatre. Arrosez du jus de 1 citron et de 2 c. à s. de miel. Ajoutez 10 feuilles de menthe. Mélangez et répartissez dans des verrines. Servez avec le cocktail.

CROQUANTS AUX AMANDES

Mélangez à la main 250 g de farine, 120 g de sucre en poudre, 30 g de beurre ramolli et 2 œufs. Incorporez 150 g d'amandes entières. Réservez au frais pendant 30 min. Formez 5 boudins de pâte et étalez-les sur une plaque. Faites-les cuire au four préchauffé à 210 °C pendant 20 min, en les retournant à mi-cuisson. Coupez en rondelles. Laissez refroidir et servez avec le cocktail.

CHANTACO

PRÉPARATION : 2 min POUR 1 cocktail

glaçons • 3/10 de jus d'orange • 2/10 de jus de citron • 3/10 de jus de pamplemousse • 2/10 de sirop de fraise

1 Mettez quelques glaçons dans un verre tumbler.

2 Ajoutez le jus d'orange, le jus de citron et le jus de pamplemousse.

3 Remuez à l'aide d'une cuillère à mélange.

4 Ajoutez le sirop de fraise, sans remuer.

5 Servez aussitôt, avec une grande paille.

Déco : vous pouvez décorer le verre avec 1 zeste d'orange et 1 fraise.

POUR VARIER…

ANDALOU

Mettez des glaçons, ⅓ de jus de tomate, ⅓ de jus d'orange et ⅓ de jus de pamplemousse dans un shaker. Frappez et passez dans un verre tumbler.

PASSION BREEZE

Mettez des glaçons, 3/10 de jus d'orange, 1/10 de jus de citron, 2/10 de jus de pamplemousse, 3/10 de jus de fruit de la Passion dans un shaker. Frappez et passez dans un verre tumbler. Ajoutez 1/10 de sirop de grenadine et 1 trait de limonade.

SABLÉS AU CITRON

Fouettez 130 g de beurre fondu avec 100 g de sucre en poudre. Ajoutez 200 g de farine à gâteaux et le zeste de 1 citron. Formez un boudin, filmez et réservez au frais pendant 1 h. Découpez en rondelles, déposez-les sur une plaque et faites cuire au four préchauffé à 180 °C de 10 à 12 min. Servez avec le cocktail.

SABLÉS AU LEMON CURD

Reprenez la recette ci-dessus et nappez les sablés de lemon curd avant de servir.

CINGHALAIS

PRÉPARATION : 2 min **POUR** 1 cocktail

glaçons • 4/10 de jus d'orange • 2/10 de jus d'ananas • 2/10 de jus de citron • 2/10 de thé froid pur Ceylan • 1 c. à c. de sucre en poudre

1 Remplissez un shaker à moitié de glaçons.

2 Versez tous les autres ingrédients dans le shaker.

3 Frappez puis passez le mélange dans un grand verre tumbler.

4 Servez aussitôt.

Astuce : ne sucrez pas trop ; les fruits s'en chargent fort bien.

POUR VARIER...

CINGHALAIS À LA MENTHE

Faites infuser quelques feuilles de menthe dans le thé puis laissez refroidir et poursuivez la recette.

FRUIT TEA

Mettez quelques glaçons, 1/10 de sirop de cassis, 1 trait de jus de citron, 3/10 de jus d'orange et 6/10 de thé noir froid dans un verre à mélange. Remuez et versez dans un verre tumbler.

CRUMBLE DE POMMES AU PAIN D'ÉPICE

Faites cuire 4 pommes coupées en cubes avec 50 g de beurre et 50 g de sucre roux. Faites dorer dans une autre poêle 6 tranches de pain d'épice émiettées avec 30 g de beurre. Répartissez les pommes dans des verrines. Parsemez de mélange au pain d'épice. Servez avec le cocktail.

CHANTILLY À LA CANNELLE

Fouettez 20 cl de crème fraîche entière froide et incorporez petit à petit 50 g de sucre glace et 1 c. à c. de cannelle moulue. Servez sur le crumble de pommes (voir ci-dessus) avec le cocktail.

POUR VARIER…

LIMONADE
Remplacez l'eau plate par de l'eau gazeuse. Ajoutez 40 g de sucre en poudre.

ORANGEADE
Remplacez les citrons par 4 oranges.

LEMON CURD
Battez 3 œufs et 150 g de sucre. Faites fondre 40 g de beurre et ajoutez-y le mélange précédent puis le jus de 3 citrons. Laissez épaissir en remuant sans cesse puis laissez refroidir. Tartinez sur du quatre-quarts. Servez avec le cocktail.

TARTELETTES AU CITRON
Tapissez des moules à tartelette de pâte sablée et faites cuire à blanc au four préchauffé à 180 °C pendant 10 min. Garnissez de lemon curd (voir ci-dessus) et réservez au frais pendant 2 h. Servez avec le cocktail.

CITRONNADE

PRÉPARATION : **15 min** CUISSON : **5 min** POUR **2 cocktails**

40 cl d'eau plate • 3 citrons • 80 g de sucre en poudre

1 Mettez l'eau dans une casserole et portez à ébullition.

2 Pendant ce temps, pressez le jus des citrons.

3 Versez-le dans une carafe et ajoutez le sucre.

4 Versez l'eau bouillante dans la carafe.

5 Remuez bien à l'aide d'une cuillère à mélange.

6 Laissez refroidir puis réservez au réfrigérateur pendant 2 h.

7 Servez bien frais.

***Astuce :** utilisez de préférence des citrons non traités et ajoutez-en le zeste dans la citronnade.*

POUR VARIER…

COCONUT KISS

Mettez des glaçons, $^2/_{10}$ de jus d'ananas, $^3/_{10}$ de crème liquide, $^3/_{10}$ de jus d'orange et $^2/_{10}$ de crème de cacao dans un shaker. Frappez et passez dans un verre tumbler.

BOULES COCO

Mélangez 300 g de lait concentré sucré avec 200 g de noix de coco râpée. Formez des boulettes et roulez-les dans de la noix de coco râpée. Servez avec le cocktail.

BOULES CHOCO-COCO

Reprenez la recette ci-dessus en roulant les boules dans du chocolat noir fondu.

BOULES À LA CAROTTE

Faites un sirop avec 20 cl d'eau et 200 g de sucre en poudre. Ajoutez le jus de 1 citron, 500 g de carottes râpées, 1 pincée de cannelle moulue, et 50 g de poudre d'amandes. Mélangez. Faites cuire à feu doux dans une casserole pendant 45 min. Laissez refroidir, formez des boules et servez avec le cocktail.

COCONUT LIPS

PRÉPARATION : 5 min **POUR** 1 cocktail

$^6/_{10}$ de jus d'ananas • $^2/_{10}$ de crème liquide • $^1/_{10}$ de lait de coco • $^1/_{10}$ de sirop de fraise

1 Versez tous les ingrédients dans un tumbler.

2 Mixez jusqu'à l'obtention d'un mélange homogène.

3 Versez dans un grand verre tulipe ou dans un petit verre tumbler.

4 Servez aussitôt.

COCOSHAKE

PRÉPARATION : 5 min **POUR** 1 cocktail

2 boules de glace à la noix de coco • 12,5 cl de lait de coco • 1 c. à c. d'extrait de vanille • noix de coco râpée

1 Mettez la glace ainsi que le lait de coco et l'extrait de vanille dans un blender.

2 Mixez jusqu'à ce que le mélange soit presque liquide.

3 Passez le mélange dans un petit verre à jus de fruits.

4 Parsemez de noix de coco râpée.

5 Servez aussitôt.

POUR VARIER…

VANILLASHAKE

Remplacez la glace à la noix de coco par de la glace à la vanille.

COCOSHAKE AU CHOCOLAT

Remplacez 1 boule de glace à la noix de coco par de la glace au chocolat. Ajoutez 1 c. à s. de chocolat noir fondu dans le verre rempli.

CARRÉS BLANCS

Faites fondre 250 g de chocolat blanc au bain-marie. Ajoutez 100 g d'amandes concassées et 100 g de noix de coco râpée. Versez dans un moule recouvert de papier sulfurisé et égalisez. Laissez prendre, découpez en carrés et servez avec le cocktail.

CUILLÈRES DE MANGUE ET COCO

Taillez la chair de 1 mangue en tout petits dés. Répartissez-les dans des cuillères à apéritif. Surmontez de 1 c. à c. de crème fouettée et parsemez de noix de coco râpée. Servez avec le cocktail.

CRANBERRY FIZZ

PRÉPARATION : 2 min POUR 1 cocktail

glaçons • 7/10 de jus de canneberge • 3/10 de tonic

1 Mettez quelques glaçons dans un verre à whisky.

2 Versez le jus de canneberge et le tonic.

3 Remuez à l'aide d'une cuillère à mélange.

4 Servez aussitôt.

Remarque : produit typiquement nord-américain, le jus de canneberge est désormais assez facile à trouver au rayon jus de fruits des supermarchés, sous le nom de jus de cranberry.

POUR VARIER...

CRANBERRY FIZZ À LA LIMONADE

Remplacez le tonic par de la limonade. Vous pouvez également utiliser de l'eau gazeuse.

CRANBERRY FIZZ AU RHUM

Utilisez seulement 5/10 de jus de canneberge. Ajoutez 2/10 de rhum blanc.

MILLE-FEUILLE À LA CONFITURE

Superposez 3 petits-beurre en intercalant 1 c. à s. de confiture de fraises ou de myrtilles entre les biscuits. Servez avec le cocktail.

COOKIES AUX CANNEBERGES

Mélangez 120 g de beurre ramolli avec 150 g de sucre roux. Ajoutez 150 g de farine, 1 pincée de sel et 150 g de canneberges. Formez des petits tas sur une plaque et faites cuire au four préchauffé à 180 °C pendant 12 min. Servez avec le cocktail.

CUCUMBER TONIC

PRÉPARATION : 5 min **CUISSON :** 5 min **POUR** 2 cocktails

POUR LE COCKTAIL : 1 concombre • le jus de ½ citron • 20 cl d'eau • 1 c. à s. de miel liquide • 1 c. à c. d'agar-agar

POUR LE VERRE : jus de citron • sucre en poudre

1 Coupez le concombre en quatre, épépinez-le puis coupez-le en cubes.

2 Mettez-les dans un blender avec le jus de citron et mixez.

3 Faites chauffer l'eau. Aux premiers bouillons, ajoutez le miel et l'agar-agar puis diluez le tout.

4 Mélangez les 2 préparations.

5 Réservez au réfrigérateur pendant toute une nuit.

6 Le lendemain, glacez le bord de 2 verres tumbler en les passant dans du jus de citron puis dans du sucre.

7 Versez les cocktails dans les verres.

8 Servez aussitôt.

POUR VARIER…

MANGO TONIC

Remplacez le concombre par 1 mangue.

BLOODY CUCUMBER

Répartissez le cocktail dans des verres à shot. Préparez des shots de bloody mary. Sur le principe de la sangrita, buvez le shot à la tomate puis le shot au concombre.

PETITS CHOUX AU CAFÉ

Mélangez 30 cl de crème pâtissière avec quelques gouttes d'extrait de café. Coupez un chapeau à de petits choux pâtissiers et garnissez-les chacun de 1 c. à s. de crème au café. Servez avec le cocktail.

BROCHETTES DE FRUITS D'ÉTÉ

Alternez sur des piques à cocktail 1 morceau de pêche, 1 framboise, 1 morceau d'abricot et 1 mûre. Servez avec le cocktail.

DOLCE

PRÉPARATION : 5 min **POUR** 1 cocktail

glaçons • 2/10 de jus de citron vert • 8/10 de tonic feuilles de menthe

1 Mettez des glaçons dans un petit verre.

2 Versez le jus de citron vert et le tonic dans le verre.

3 Ajoutez quelques feuilles de menthe.

4 Servez aussitôt.

POUR VARIER…

DOLCE À L'ANGOSTURA®

Ajoutez 5 gouttes d'Angostura® bitter dans le verre en même temps que le jus de citron.

DOLCE À L'ORANGE

Remplacez le jus de citron vert par du jus d'orange fraîchement pressé et le tonic par de l'orangeade ou une boisson gazeuse à l'orange.

VERRINES EXPRESS MENTHE-CHOCOLAT

Alternez dans des verrines 1 couche de glace à la menthe et aux pépites de chocolat, 1 couche de crème dessert au chocolat, 1 couche de glace, 1 couche de crème. Parsemez de copeaux de chocolat. Servez avec le cocktail.

CUILLÈRES DE PASTÈQUE À LA MENTHE

Prélevez des billes dans ½ pastèque. Faites macérer avec 2 c. à s. de sirop de sucre de canne et ½ bouquet de menthe pendant 1 h, au frais. Répartissez les billes de pastèque et la menthe dans des cuillères à apéritif. Servez avec le cocktail.

ENERGY

PRÉPARATION : 5 min **POUR** 3 ou 4 cocktails

1 mangue • 2 oranges • 40 cl de jus de carotte

1 Pelez la mangue. Coupez la chair en cubes.

2 Pressez le jus des oranges.

3 Mettez les cubes de mangue, le jus d'orange et le jus de carotte dans un blender.

4 Mixez jusqu'à obtention d'un mélange homogène.

5 Réservez pendant 1 h au réfrigérateur.

6 Servez bien frais, dans des petits verres à jus de fruits.

POUR VARIER...

MANGANANA

Mixez la chair de 1 mangue avec la chair d'¼ d'ananas, 25 cl de jus d'orange, 1 yaourt brassé et 1 c. à s. de miel liquide. Versez dans des verres tumbler.

PORT-AU-PRINCE

Versez dans un verre à mélange 15 cl de nectar de mangue, 5 cl de jus d'orange 5 cl de jus de citron et 20 cl de jus d'ananas. Servez dans des verres tumbler.

VERRINES AU TAPIOCA ET À LA MANGUE

Faites chauffer 50 cl d'eau avec 25 cl de lait de coco et 4 c. à s. de sucre en poudre. Ajoutez 60 g de tapioca et faites cuire pendant 8 min. Mixez la chair de 2 mangues avec le jus de ½ citron et 5 c. à s. de sucre glace. Répartissez le tapioca dans 6 verrines et surmontez de crème de mangue. Servez avec le cocktail.

VERRINES AU TAPIOCA ET À L'ANANAS

Reprenez la recette ci-dessus en remplaçant les mangues par 2 ananas victoria.

EVERYDAY

PRÉPARATION : 5 min POUR 4 cocktails

500 g de pastèque • 50 g d'airelles surgelées • 100 g de framboises surgelées • 1 c. à s. d'eau de rose • 80 g de sucre en poudre

1 Prélevez la chair de la pastèque et coupez-la en cubes.

2 Mettez-les dans un blender et ajoutez tous les autres ingrédients.

3 Mixez finement, jusqu'à obtention d'un mélange homogène.

4 Réservez au réfrigérateur pendant 1 h.

5 Servez bien frais.

POUR VARIER…

EVERYDAY AU YAOURT

Pour une préparation plus onctueuse, ajoutez 1 yaourt aux fruits rouges à la préparation.

EVERYDAY À LA CLÉMENTINE

Remplacez les airelles par le jus de 4 clémentines. Supprimez l'eau de rose.

EVERYDAY AU RHUM

Remplacez les airelles par 15 cl de rhum blanc.

TIRAMISU ROSE

Fouettez 1 jaune d'œuf avec 250 g de mascarpone et 1 c. à s. de sucre en poudre. Incorporez délicatement 1 blanc d'œuf. Égouttez 400 g de fruits rouges décongelés. Faites tremper des biscuits roses de Reims dans le jus de fruits et tapissez-en le fond de verrines. Alternez les couches de mascarpone, de fruits et de biscuits trempés. Servez avec le cocktail.

POUR VARIER…

PEACH FUN

Mixez la chair des pêches avec des glaçons, 20 cl de lait, 2 c. à s. de sirop de framboise et 10 cl de crème fraîche. Servez dans un verre tumbler.

PEACH CUP

Mixez la chair de 2 pêches avec de la glace pilée, 30 cl de lait, 1 c. à s. de sirop de sucre de canne et 1 c. à s. de liqueur de framboise. Servez dans un verre tumbler.

FONDUE DE PÊCHES AU CHOCOLAT NOIR

Faites fondre 400 g de chocolat noir avec 30 cl de crème fraîche. Piquez des morceaux de pêche sur des fourchettes à fondue et trempez dans le chocolat chaud. Servez avec le cocktail.

FONDUE D'ORANGES CHOCO-MENTHE

Reprenez la recette ci-dessus en ajoutant le zeste de 2 oranges dans le chocolat fondu. Piquez des morceaux d'orange agrémentés de 1 feuille de menthe sur les fourchettes. Servez avec le cocktail.

FIRELIGHT

PRÉPARATION : **5 min** POUR **2 ou 3 cocktails**

4 pêches bien mûres • 5 cl de lait • 1 c. à c. de gingembre en poudre • 50 g de sucre en poudre • 20 cl d'eau gazeuse bien fraîche

1 Lavez les pêches sans les peler. Retirez le noyau et coupez la chair en morceaux.

2 Mettez-les dans un blender avec le lait, le gingembre et le sucre en poudre.

3 Mixez jusqu'à obtention d'un mélange homogène.

4 Passez le mélange dans des verres à jus de fruits.

5 Ajoutez l'eau gazeuse.

6 Remuez à l'aide d'une cuillère à mélange.

7 Servez aussitôt.

POUR VARIER...

FLEUR D'AMOUR AU FRUIT DE LA PASSION

Coupez 1 fruit de la Passion en deux et videz-en le contenu dans le verre, une fois les autres ingrédients frappés.

FINSBURY PARK

Mettez des glaçons, 3/10 de nectar de banane, 3/10 de jus d'ananas, 3/10 de gin et 1/10 de liqueur de kiwi dans un shaker. Frappez et passez dans un verre à cocktail.

CRÈME DE MANGUE

Mixez la chair de 1 mangue avec le jus de 1 citron vert, 20 cl de lait de coco, 1 c. à c. d'extrait de vanille et 5 feuilles de menthe. Servez sur des petits-beurre, avec le cocktail.

SABLÉS EXPRESS À LA BANANE

Découpez des disques dans 1 rouleau de pâte feuilletée. Faites-les cuire à blanc pendant 10 min au four préchauffé à 180 °C. Nappez chaque disque de pâte à tartiner au chocolat et ajoutez 3 rondelles de banane sur chaque sablé. Servez avec le cocktail.

FLEUR D'AMOUR

PRÉPARATION : **2 min** POUR **1 cocktail**

glaçons • 4/10 de nectar de banane • 4/10 de jus de mangue • 2/10 de jus d'ananas • 1 physalis

1 Remplissez un shaker à moitié de glaçons.

2 Ajoutez le nectar de banane, le jus de mangue et le jus d'ananas.

3 Frappez puis passez le mélange dans un verre à pied.

4 Décorez avec le physalis.

5 Servez aussitôt.

Remarque : ce cocktail exotique est plutôt calorique mais très reconstituant.

FOREVER YOUNG

PRÉPARATION : **2 min** POUR **1 cocktail**

glaçons • 4/10 de jus d'orange • 3/10 de jus de mangue • 2/10 de jus d'ananas • 1/10 de jus de citron • 2 c. à s. de graines de grenade

1 Mettez quelques glaçons dans un grand verre à jus de fruits.

2 Versez le jus d'orange, le jus de mangue, le jus d'ananas et le jus de citron dans le verre.

3 Remuez à l'aide d'une cuillère à mélange.

4 Ajoutez les graines de grenade.

5 Servez aussitôt.

POUR VARIER…

FOREVER YOUNG AUX MYRTILLES

Remplacez les graines de grenade par 2 c. à s. de myrtilles. Vous pouvez aussi utiliser des airelles.

HAN-COCK-TAIL

Remplacez les graines de grenade par 1 trait de sirop de grenadine. Servez dans une flûte.

BROCHETTES DE FRAISES ET DE KIWIS

Alternez sur des piques à cocktail 1 rondelle de kiwi, ½ fraise, 1 rondelle de kiwi, ½ fraise. Servez avec le cocktail.

BISCUITS CROQUANTS AUX NOISETTES

Mélangez 150 g de farine avec 150 g de sucre en poudre et 75 g de poudre de noisettes. Incorporez 1 œuf et 75 g de beurre ramolli. Formez des petits tas sur une plaque. Faites cuire au four préchauffé à 150 °C pendant 10 min.

FROSTY LIME

PRÉPARATION : **2 min** POUR **1 cocktail**

1 boule de sorbet • 5/10 de jus de pamplemousse • 5/10 de sirop de menthe

1 Mettez tous les ingrédients dans un blender.

2 Mixez pendant 10 s.

3 Passez le mélange dans une coupe ou un verre évasé rafraîchi.

4 Servez aussitôt.

Déco : ornez votre cocktail de 2 ou 3 feuilles de menthe fraîche.

POUR VARIER…

FROSTY APPLE

Remplacez le sorbet de citron vert par du sorbet à la pomme.

FROSTY LIME À L'ORANGE

Remplacez le jus de pamplemousse par du jus d'orange. Vous pouvez utiliser du jus d'orange sanguine.

CONFITURE DE PAMPLEMOUSSES

Pelez 4 pamplemousses et coupez-les en deux. Mélangez-les avec 1 c. à c. de gingembre râpé et 1,2 l d'eau. Le lendemain, faites cuire à couvert à feu doux pendant 2 h. Ajoutez 500 g de sucre en poudre et poursuivez la cuisson pendant 30 min. Au bout de 1 semaine, servez sur des scones, avec le cocktail.

CONFITURE AUX ZESTES DE PAMPLEMOUSSE

Utilisez des pamplemousses non traités et ajoutez leur zeste à la confiture.

FROZEN CAFFÈ LATTE

PRÉPARATION : 2 min **POUR** 1 cocktail

2 boules de glace au café • 10 cl de lait frais • 1 c. à s. de crème fraîche liquide

1 Mettez la glace au café et le lait dans un blender.

2 Mixez pendant 10 s.

3 Passez le mélange dans un grand verre tumbler.

4 Déposez délicatement la crème fraîche par-dessus.

5 Servez aussitôt.

POUR VARIER…

FROZEN CAFFÈ LATTE À LA CHANTILLY

Remplacez la crème fraîche liquide par de la crème fraîche entière épaisse. Faites-la monter en chantilly avec 1 pincée de sucre. en poudre. Déposez-la sur le cocktail.

FROZEN CHOCOLATE LATTE

Remplacez la glace au café par de la glace au chocolat. Parsemez le cocktail de copeaux de chocolat au lait.

MOUSSE AU CHOCOLAT BLANC

Faites fondre 150 g de chocolat blanc en morceaux avec 10 cl de crème fleurette. Laissez reposer toute une nuit. Fouettez au batteur électrique juste avant de servir, dans des verrines, avec le cocktail.

MOUSSE AU CHOCOLAT EN CRUMBLE DE PAIN D'ÉPICE

Reprenez la recette ci-dessus. Faites griller des tranches de pain d'épice et émiettez-les sur les verrines.

POUR VARIER…

FROZEN JULIUS AU PAMPLEMOUSSE

Remplacez les citrons par 2 ou 3 pamplemousses, dont vous prélèverez la pulpe.

FROZEN JULIUS AU GIN

Remplacez l'eau par la même quantité de gin. Vous pouvez aussi utiliser de la vodka.

TRUFFES À LA NOIX DE COCO

Faites bouillir 25 cl de crème fleurette et versez sur 450 g de chocolat noir taillé en carrés. Mélangez et laissez refroidir. Formez des boules et passez-les dans de la noix de coco râpée.

BOUCHÉES FONDANTES AU CHOCOLAT

Faites fondre 200 g de chocolat noir avec 200 g de beurre. Ajoutez 250 g de sucre en poudre puis incorporez 5 œufs en remuant entre chaque ajout. Ajoutez 250 g de farine. Versez dans un moule et faites cuire au four préchauffé à 180 °C pendant 25 min. Laissez refroidir et découpez en carrés. Servez avec le cocktail.

FROZEN JULIUS

PRÉPARATION : **2 min** POUR **4 cocktails**

6 citrons verts • 4 c. à s. de sucre glace • 15 cl d'eau

1 Pressez le jus des citrons.

2 Versez-le dans un récipient creux allant au congélateur.

3 Ajoutez le sucre et l'eau. Remuez bien.

4 Mettez au congélateur et laissez prendre pendant au moins 6 h, en grattant le contenu du récipient toutes les heures à l'aide d'une fourchette, de façon à séparer les paillettes de glace qui se forment au fur et à mesure.

5 Versez dans des verres évasés et servez aussitôt.

GARDEN SPOT

PRÉPARATION : **5 min** **POUR** **2 cocktails**

200 g de myrtilles • 10 cl de jus d'orange • 20 cl de yaourt à la vanille • 2 c. à s. de flocons d'avoine • ½ c. à s. de miel • 2 demi-tranches d'orange

1 Versez les myrtilles, le jus d'orange, le yaourt, les flocons d'avoine et le miel dans un blender et mixez, jusqu'à obtention d'un mélange homogène.

2 Ajoutez du miel si nécessaire.

3 Versez dans 2 grands verres tumbler.

4 Décorez avec la demi-tranche d'orange.

5 Servez aussitôt.

POUR VARIER...

GARDEN SPOT AUX GRAINES GERMÉES

Remplacez les flocons d'avoine par des graines germées.

MINIMUFFINS AUX MYRTILLES

Mélangez 250 g de farine avec 150 g de sucre en poudre, ½ sachet de levure chimique et 1 pincée de sel. Dans un autre récipient, battez 2 œufs et ajoutez 1 c. à s. d'huile et 10 cl de lait. Mélangez les 2 préparations et incorporez 200 g de myrtilles. Répartissez dans des moules à muffins et faites cuire au four préchauffé à 210 °C de 10 à 12 min. Laissez refroidir et servez avec le cocktail.

MUFFINS AUX MYRTILLES ET AU CHOCOLAT BLANC

Reprenez la recette ci-dessus en remplaçant la moitié du sucre par 75 g de pépites de chocolat blanc.

MUFFINS AUX FRUITS ROUGES

Reprenez la recette ci-dessus en remplaçant les myrtilles par un mélange de fruits rouges surgelés décongelés.

GINGER TONIC

PRÉPARATION : **5 min** POUR **2 cocktails**

1 banane • 2 oranges • 1 petit morceau de gingembre • 50 g d'airelles surgelées • 1 c. à s. de sirop de sucre de canne

1 Pelez la banane et coupez-la en morceaux.

2 Pressez le jus des oranges.

3 Râpez le morceau de gingembre.

4 Mettez tous ces ingrédients dans un blender. Ajoutez les airelles et le sirop de sucre de canne.

5 Mixez jusqu'à obtention d'un mélange homogène.

6 Passez le mélange dans 2 verres à jus de fruits.

7 Servez aussitôt.

POUR VARIER...

GINGER TONIC À LA VODKA

Remplacez la moitié des airelles par 15 cl de vodka aromatisée à la mûre.

GINGER ALE TONIC

Supprimez le gingembre. Divisez les quantités des fruits par 2 et complétez avec du ginger ale.

MOUSSE À LA BANANE

Mixez 4 bananes avec le jus de ½ citron et 2 c. à s. de sucre en poudre. Incorporez 2 blancs d'œufs montés en neige. Montez 25 cl de crème fraîche épaisse en chantilly avec 2 sachets de sucre vanillé. Répartissez dans des verrines et réservez au frais pendant 2 h. Servez avec le cocktail.

ORANGETTES

Trempez des bâtonnets d'orange confite dans du chocolat noir fondu. Laissez refroidir sur une plaque. Servez avec le cocktail.

POUR VARIER…

GINGER SONG

Remplacez le ginseng par du gingembre frais râpé. Utilisez seulement ½ c. à c. de gingembre.

GINSENG SONG AU MIEL

Ajoutez 1 c. à s. de miel à la préparation pour l'adoucir légèrement.

SHORTBREADS

Mélangez avec les doigts 250 g de beurre salé bien froid avec 90 g de sucre en poudre et 300 g de farine. Étalez dans un plat rectangulaire beurré. Faites cuire au four préchauffé à 150 °C pendant 50 min. Découpez en bâtonnets et saupoudrez de sucre en poudre. Laissez refroidir et servez avec le cocktail.

SHORTBREADS AU CHOCOLAT

Reprenez la recette ci-dessus et ajoutez 25 g de cacao en poudre à la préparation.

GINSENG SONG

PRÉPARATION : **5 min** POUR **1 cocktail**

½ mangue + supplément pour la décoration • 10 cl de yaourt brassé nature • 1 c. à c. de ginseng • glace pilée • 1 fraise

1 Pelez la mangue et coupez-la en cubes.

2 Mettez-les dans un blender avec le yaourt, le ginseng et de la glace pilée.

3 Mixez jusqu'à obtention d'un mélange homogène.

4 Versez dans un grand verre à jus de fruits.

5 Coupez la fraise en deux.

6 Alternez sur 1 pique à cocktail 1 morceau de mangue, 1 morceau de fraise, 1 morceau de mangue, 1 morceau de fraise.

7 Servez aussitôt.

POUR VARIER…

GOOD MORNING AU YAOURT

Remplacez la crème fleurette par du yaourt brassé nature.

GOOD MORNING À L'AMANDE

Ajoutez 2 c. à c. de poudre d'amandes à la préparation. Pour une version alcoolisée, ajoutez 1 c. à s. de liqueur d'amande amère.

MOUSSE DE MARRONS

Battez au fouet 40 cl de lait concentré non sucré très frais. Incorporez-y délicatement 500 g de crème de marrons. Répartissez dans 8 verrines. Servez frais, avec le cocktail.

PALETS AU CHOCOLAT ET AUX NOISETTES

Faites fondre 250 g de chocolat au lait. Mélangez avec 200 g de noisettes entières. Formez de petits tas et étalez-les avec le dos d'une fourchette pour former des palets. Laissez durcir à température ambiante et servez avec le cocktail.

GOOD MORNING

PRÉPARATION : **5 min** POUR **2 cocktails**

2 c. à s. de sirop de chocolat • 30 cl de lait très froid • 30 cl de crème fleurette très froide • 10 cl de café froid • 2 c. à c. de sucre en poudre • 1 ou 2 c. à s. de cacao en poudre

1 Mélangez le sirop de chocolat avec 10 cl de lait.

2 Répartissez cette préparation au fond de 2 grands verres.

3 Mettez la moitié de la crème fleurette, 10 cl de lait, le café et la moitié du sucre dans un blender.

4 Mixez jusqu'à obtention d'un mélange homogène.

5 Versez le mélange au café dans les verres.

6 Mettez le reste de crème fleurette, de lait et de sucre dans le blender rincé avec le cacao en poudre.

7 Mixez jusqu'à obtention d'un mélange homogène.

8 Versez le mélange dans les verres.

9 Servez aussitôt.

GRENADINE SHAKE

PRÉPARATION : 5 min **POUR** 1 cocktail

glace pilée • 4/10 de sirop de grenadine • 4/10 de jus d'ananas • 2/10 de jus de citron vert • 1 blanc d'œuf • limonade • quelques feuilles de menthe

1 Mettez de la glace pilée dans un blender.

2 Ajoutez le sirop de grenadine, le jus d'ananas, le jus de citron vert et le blanc d'œuf dans le blender.

3 Mixez pendant 10 s.

4 Versez le mélange dans un verre à whisky.

5 Complétez avec de la limonade.

6 Décorez le verre avec les feuilles de menthe.

7 Servez aussitôt.

Déco : vous pouvez ajouter des zestes de citron vert dans le verre.

POUR VARIER…

SHIRLEY TEMPLE

Supprimez le jus d'ananas et le jus de citron vert. Remplacez par du Canada Dry® ou du ginger ale.

PULCO SHAKE

Remplacez le sirop de grenadine par du concentré de citron jaune.

FAUX BONBONS À L'ANANAS

Versez 25 cl de jus d'ananas dans une casserole, ajoutez 2 g d'agar-agar, mélangez et faites chauffer pendant 2 min. Répartissez ce mélange dans les compartiments d'un bac à glaçons. Réservez au frais pendant 1 h. Démoulez et servez avec le cocktail.

FAUX BONBONS AUX FRUITS

Reprenez la recette ci-dessus en remplaçant le jus d'ananas par le jus de votre choix (pamplemousse, pomme, orange, raisin, fruit de la Passion, etc.). Servez avec le cocktail.

HELLO GOODBYE

PRÉPARATION : **5 min** CUISSON : **2 min** POUR **2 ou 3 cocktails**

40 cl d'eau • 2 sachets de tisane à la verveine • 4 kiwis • 1 citron vert • 2 c. à s. de miel

1 Versez l'eau dans une casserole et portez à ébullition puis retirez du feu.

2 Ajoutez les sachets de verveine et laissez infuser de 3 à 5 min.

3 Laissez refroidir puis placez au réfrigérateur pour 1 h.

4 Pelez les kiwis et coupez-les en morceaux.

5 Mettez-les dans un blender et mixez.

6 Pressez le jus du citron.

7 Ajoutez-le dans le blender avec la verveine glacée et le miel.

8 Mixez rapidement puis passez le mélange dans des verres à jus de fruits.

9 Servez aussitôt.

POUR VARIER…

HELLO GOODBYE À LA LIQUEUR

Utilisez seulement 2 kiwis. Ajoutez 5 cl de jus de citron et 5 cl de liqueur de kiwi.

HELLO GOODBYE AU RHUM

Utilisez seulement 2 kiwis. Ajoutez 5 cl de jus de citron et 5 cl de rhum ambré.

MADELEINES À LA VERVEINE

Faites infuser 3 sachets de verveine dans 20 cl de lait bouillant. Battez 5 œufs et 200 g de sucre roux puis ajoutez 160 g de beurre ramolli, 200 g de farine, ½ sachet de levure chimique et le lait infusé. Réservez au frais pendant 1 h. Versez la pâte dans des moules à madeleines beurrés. Faites cuire de 8 à 10 min au four préchauffé à 180 °C. Servez avec le cocktail.

MADELEINES AU MIEL

Reprenez la recette ci-dessus en remplaçant le lait infusé par 3 c. à s. de miel. Vous pouvez aussi ajouter 2 c. à s. de cacao amer.

HIGH FLYER

PRÉPARATION : 5 min **POUR** 2 ou 3 cocktails

1 mangue bien mûre • 20 cl de jus de canneberge • 150 g de yaourt à la pêche • glaçons • 2 c. à s. de canneberges

1 Pelez la mangue et coupez-la en morceaux.

2 Mettez-les dans un blender avec le jus de canneberge, le yaourt et quelques glaçons.

3 Mixez jusqu'à obtention d'un mélange homogène.

4 Répartissez le mélange dans des verres à jus de fruits.

5 Ajoutez les canneberges et remuez.

6 Servez aussitôt.

POUR VARIER...

FROZEN HIGH FLYER

Remplacez le yaourt à la pêche par 4 boules de sorbet à l'abricot ou à la poire.

FLO'RILÈGE

Mettez des glaçons, 4/10 de jus de mangue, 3/10 de jus de canneberge et 3/10 de vodka dans un shaker. Frappez et passez dans un verre tulipe. Complétez avec du champagne.

MERINGUES

Montez 6 blancs d'œufs en neige avec 1 pincée de sel. Incorporez 300 g de sucre en poudre petit à petit, sans cesser de battre. Déposez de petits tas sur une plaque et faites cuire au four préchauffé à 150 °C pendant 15 min. Laissez refroidir et servez avec le cocktail.

MERINGUES ROSES

Ajoutez quelques gouttes de jus de betterave dans la préparation ; les meringues vont se colorer en rose sans que l'on sente le goût de la betterave.

HONEYMOON

PRÉPARATION : **2 min** POUR **1 cocktail**

glaçons • 3/10 de miel liquide • 2/10 de jus de citron • 2/10 de jus d'orange • 3/10 de jus de pomme

1 Remplissez un shaker à moitié de glaçons.

2 Versez tous les autres ingrédients dans le shaker.

3 Frappez puis passez le mélange dans un verre à jus de fruits.

4 Servez aussitôt.

Déco : vous pouvez ajouter quelques morceaux d'orange et 1 brin de menthe dans le verre.

POUR VARIER…

CANADIAN HONEYMOON
Remplacez le miel par du sirop d'érable.

GELÉE DE POMME
Faites cuire à feu doux 3 pommes coupées en dés avec un peu d'eau pendant 20 min. Mixez puis ajoutez 1 c. à s. de miel. Ajoutez 1 c. à s. d'agar-agar et faites chauffer en suivant les indications portées sur le paquet. Laissez refroidir. Tartinez sur du pain de mie grillé. Servez avec le cocktail.

GELÉE DE POMME AU GÉNÉPI
Reprenez la recette ci-dessus en ajoutant 2 c. à s. de génépi en même temps que le miel.

MACARONS AUX AMANDES
Battez 250 g de sucre glace avec 2 œufs. Ajoutez 250 g d'amandes finement moulues et mélangez. Déposez de petits tas de pâte sur une plaque, réservez pendant 1 h puis faites cuire au four préchauffé à 150 °C pendant 10 min.

POUR VARIER…

LASSI MANGUE À LA CARDAMOME

Remplacez le jus d'orange et le jus de pomme par 15 cl de lait. Mélangez-le avec les graines d'une capsule de cardamome.

LASSI MANGUE-COCO

Remplacez le jus d'orange et le jus de pomme par 15 cl de lait de coco.

BRICKS À LA POMME

Faites cuire 4 pommes taillées en lamelles à la poêle avec un peu d'huile et 3 c. à s. de sucre roux. Coupez 6 feuilles de brick en deux. Déposez 2 c. à s. de pomme cuite sur chaque demi-feuille et formez des triangles. Faites dorer au four préchauffé à 180 °C pendant 10 min. Servez avec le cocktail.

TUILES DE CHOCOLAT PIMENTÉES

Faites fondre 200 g de chocolat noir avec 3 pincées de piment d'Espelette. Formez des disques très fins sur des bandes de papier sulfurisé. Dès que le chocolat commence à prendre, déposez les bandes sur 1 bouteille. Servez avec le cocktail.

INDIA

PRÉPARATION : **5 min** POUR **1 cocktail**

½ mangue bien mûre • 5 cl de jus d'orange • 5 cl de jus de pomme • 1 yaourt brassé nature • 1 c. à s. de sucre en poudre

1 Pelez la demi-mangue et coupez-la en morceaux.

2 Mettez-les dans un blender avec le jus d'orange et le jus de pomme.

3 Mixez pendant 10 s environ.

4 Versez le mélange dans un grand verre à jus de fruits.

5 Mélangez le yaourt et le sucre en poudre.

6 Déposez délicatement le yaourt sur le mélange à la mangue.

7 Servez aussitôt.

ISLA MONA

PRÉPARATION : 2 min POUR 1 cocktail

glaçons • 8/10 de lait de coco • 2/10 de crème de noix de coco

1 Mettez quelques glaçons dans un verre à mélange.

2 Versez le lait de coco et la crème de noix de coco dans le verre.

3 Remuez à l'aide d'une cuillère à mélange.

4 Versez le mélange dans un verre évasé ou dans un verre à vin.

5 Servez aussitôt.

Déco : servez ce cocktail dans une noix de coco vidée de son eau.

POUR VARIER…

FROZEN ISLA MONA

Remplacez le lait de coco par 2 boules de crème glacée à la noix de coco.

COCO SAN JUAN

Ajoutez 1 trait de sirop de grenadine.

CONGOLAIS

Battez au fouet 50 g de beurre ramolli, 200 g de sucre en poudre et 3 œufs. Ajoutez 250 g de noix de coco râpée. Formez de petits tas de pâte sur une plaque. Faites cuire au four préchauffé à 150 °C pendant 10 min.

CRÈME À LA VANILLE

Battez 4 jaunes d'œufs avec 40 g de sucre en poudre et les graines de 2 gousses de vanille. Ajoutez 1 c. à c. de farine et 30 cl de lait bouillant en fouettant. Versez dans une casserole et portez à ébullition. Répartissez dans des verrines, couvrez de film alimentaire et réservez au frais pendant 1 h. Servez sur des fraises, avec le cocktail.

KIWI VELVET

PRÉPARATION : 5 min **POUR** 2 cocktails

3 pêches • 2 kiwis • 1 banane • le jus de 1 citron • glace pilée

1 Pelez les fruits. Retirez le noyau des pêches. Coupez tous les fruits en morceaux.

2 Mettez-les dans un blender avec le jus de citron et de la glace pilée.

3 Mixez jusqu'à obtention d'un mélange homogène.

4 Répartissez le mélange dans 2 verres à jus de fruits.

5 Servez aussitôt.

POUR VARIER…

KIWI VELVET À LA PURÉE DE PÊCHES

Faites cuire les morceaux de pêche avec 1 sachet de sucre vanillé et 1 c. à s. de sucre en poudre pendant 15 min, dans une casserole, à feu doux. Laissez refroidir avant d'utiliser pour le cocktail.

CONFITURE DE LAIT

Mettez 1 boîte de lait concentré sucré dans une casserole. Recouvrez d'eau et faites cuire à feu doux pendant 1 h 30 environ en remuant souvent. Laissez refroidir et tartinez sur du pain brioché. Servez avec le cocktail.

CONFITURE DE LAIT À L'EAU DE FLEUR D'ORANGER

Reprenez la recette ci-dessus et ajoutez 3 c. à c. d'eau de fleur d'oranger à la confiture cuite.

MADELEINES À LA CONFITURE DE LAIT

Coupez 12 madeleines en deux. Déposez 1 c. à c. de confiture de lait sur les parties inférieures puis recouvrez des parties supérieures des madeleines. Servez avec le cocktail.

LITTLE LADYBIRD

PRÉPARATION : 2 min **POUR** 4 cocktails

½ pastèque • glaçons • 5 cl de grenadine • limonade

1 Prélevez la chair de la pastèque. Coupez-la en morceaux et retirez les pépins.

2 Mettez les morceaux de fruit dans un blender avec quelques glaçons et la grenadine.

3 Mixez jusqu'à obtention d'un mélange homogène.

4 Répartissez le mélange dans 4 verres.

5 Complétez avec de la limonade.

6 Servez aussitôt.

POUR VARIER...

SCANDINAVIAN LOVE

Mélangez la chair mixée de la pastèque avec le même volume de vodka et la moitié de jus de citron.

PAZTEK (POUR 1 COCKTAIL)

Mettez des glaçons, 3 cl de vodka, 2 cl de Mangalore® et 1 cl de liqueur de pastèque dans un shaker. Frappez et passez dans un verre à cocktail.

AMARETTI

Fouettez au batteur électrique 200 g de sucre glace, 400 g de poudre d'amandes et 3 blancs d'œufs. Formez de petits tas sur une plaque, à l'aide d'une poche à douille, et faites cuire au four préchauffé à 180 °C pendant 12 min. Servez avec le cocktail.

AMARETTI À LA LIQUEUR

Reprenez la recette ci-dessus en ajoutant 1 c. à s. de liqueur d'amande amère dans la préparation.

MELBA SMOOTHIE

PRÉPARATION : 10 min POUR 2 cocktails

2 pêches • 100 g de framboises • 20 cl de yaourt entier • 1 c. à s. de sucre en poudre • le jus de ½ citron

1 Pelez les pêches, dénoyautez-les et coupez-les en dés.

2 Mettez-les dans un blender avec les framboises, le yaourt, le sucre et le jus de citron puis mixez jusqu'à obtention d'un mélange homogène.

3 Versez dans des petits verres à jus de fruits.

4 Servez aussitôt.

POUR VARIER…

MELBA MILK SHAKE À LA VANILLE

Remplacez le yaourt entier par 1 boule de glace à la vanille et 10 cl de lait très froid.

MELBA SMOOTHIE À LA CRÈME

Déposez 1 c. à s. de chantilly sur les verres remplis. Parsemez d'amandes effilées grillées à sec. Servez avec une paille.

MELBA SMOOTHIE AUX PÊCHES POCHÉES

Préparez un sirop en faisant chauffer 30 cl de vin blanc sec ou moelleux et 30 g de sucre en poudre. Mettez-y les pêches coupées en deux et faites pocher de 10 à 15 min. Laissez refroidir avant d'utiliser pour le cocktail.

CHOCO'CROC AUX FRUITS SECS

Faites fondre 400 g de chocolat noir au bain-marie. Ajoutez 50 g de noisettes entières, 40 g d'amandes entières, 50 g de raisins secs et 1 c. à c. de cannelle moulue. Versez dans un moule tapissé de papier sulfurisé. Égalisez puis laissez durcir. Découpez en carrés et servez avec le cocktail.

POUR VARIER…

STRAWBERRY SHAKE

Remplacez le sirop de menthe par du sirop de fraise et la glace à la vanille par de la glace à la fraise.

MINT SHAKE À LA VODKA

Versez 2 cl de vodka à l'herbe de bison au fond de chaque verre avant d'ajouter les autres ingrédients.

MINICROUSTADES AUX PRUNEAUX

Faites compoter 250 g de pruneaux avec 25 cl d'eau et 2 étoiles de badiane pendant 15 min, à petits bouillons. Laissez refroidir, retirez les noyaux et les épices puis mixez. Garnissez des moules à tartelette de pâte sablée. Garnissez de compote de pruneaux et décorez de croisillons de pâte sablée. Faites cuire au four préchauffé à 210 °C pendant 20 min. Laissez refroidir et servez avec le cocktail.

MINICROUSTADES AUX POMMES

Reprenez la recette ci-dessus en remplaçant les pruneaux par des pommes. Ajoutez 1 bâton de cannelle dans la préparation.

MINT SHAKE

PRÉPARATION : **10 min** POUR **8 personnes**

1 ou 2 traits de sirop de menthe • 1 l de limonade • 8 boules de crème glacée à la vanille

1 Versez le sirop de menthe dans la limonade.

2 Remplissez aux trois quarts 8 petits verres à jus de fruits de limonade à la menthe.

3 Ajoutez 1 boule de crème glacée dans chaque verre.

4 Servez aussitôt, avec des pailles.

MOROCCAN ICED TEA

PRÉPARATION : 10 min CUISSON : 5 min POUR 6 personnes

75 cl d'eau • 1 bouquet de menthe fraîche • 2 c. à c. de thé vert • 6 morceaux de sucre • 6 rondelles de citron

1 Versez l'eau dans une casserole et portez à ébullition.

2 Rincez la menthe puis épongez-la rapidement.

3 Retirez la casserole du feu et ajoutez le thé vert, la menthe et le sucre.

4 Laissez infuser pendant 10 min.

5 Filtrez le mélange à l'aide d'un chinois puis passez-le dans une grande bouteille vide. Fermez avec un bouchon.

6 Réservez au réfrigérateur pendant au moins 6 h.

7 Secouez la bouteille avant de verser, bien frais, dans des verres à thé.

8 Ajoutez 1 rondelle de citron dans chaque verre.

9 Servez aussitôt.

POUR VARIER…

MOROCCAN ICED TEA À LA CANNELLE

Ajoutez ½ c. à c. de cannelle moulue en même temps que le thé, la menthe et le sucre.

THÉ À LA MENTHE AUX PIGNONS DE PIN

Suivez la recette mais sans laisser refroidir le thé. Servez-le très chaud dans des verres à thé et ajoutez 1 c. à c. de pignons de pin dans chaque verre.

CORNES DE GAZELLE

Mélangez 200 g d'amandes mixées avec 1 c. à s. d'huile d'arachide, 2 c. à c. d'eau de fleur d'oranger, 1 pincée de poivre, 2 c. à c. de sucre glace, 1 c. à c. de miel, 1 pincée de cannelle moulue, 1 pincée de gingembre en poudre. Malaxez avec un peu d'eau. Formez 10 croissants. Faites cuire au four préchauffé à 180 °C de 10 à 15 min. Laissez refroidir et servez avec le cocktail.

CORNES DE GAZELLE AU SÉSAME

Reprenez la recette ci-dessus en passant les croissants dans un blanc d'œuf puis dans des graines de sésame avant d'enfourner.

NAIN JAUNE

PRÉPARATION : 2 min POUR 1 cocktail

glaçons • 5/10 de crème fraîche liquide • 3/10 de sirop de fruit de la Passion • 2/10 d'eau gazeuse • 1 trait de sirop d'orgeat • 1 jaune d'œuf

1 Remplissez un shaker à moitié de glaçons.

2 Versez tous les autres ingrédients dans le shaker.

3 Frappez assez longuement puis passez le mélange dans un verre à pied.

4 Servez aussitôt.

POUR VARIER…

NAIN JAUNE À LA LIQUEUR

Remplacez le sirop d'orgeat par de la liqueur d'amande amère.

NAIN JAUNE À L'ANANAS

Remplacez le jus de fruit de la Passion par du jus d'ananas.

RIZ AU LAIT À LA VANILLE

Faites cuire 500 g de riz à grains ronds dans 2 l de lait avec 100 g de beurre, 1 pincée de sel et les graines de 2 gousses de vanille. Faites cuire à feu doux pendant 15 min en remuant. Ajoutez 200 g de sucre en poudre et poursuivez la cuisson pendant 20 min en remuant. Laissez refroidir et servez avec le cocktail.

CHIPS DE POMME AU RIZ AU LAIT

Coupez 3 pommes en fines rondelles. Faites-les cuire au four préchauffé à 120 °C de 1 h à 1 h 30. Laissez refroidir. Déposez 1 c. à s. de riz au lait sur chaque chip et servez avec le cocktail.

PERFECT TIME

PRÉPARATION : 5 min **POUR** 4 personnes

5 abricots • 1 melon • 1 yaourt à la vanille • 40 g de sucre en poudre

1 Lavez les abricots et dénoyautez-les.

2 Retirez les graines du melon et prélevez la chair.

3 Mettez la chair des fruits dans un blender avec le yaourt et le sucre.

4 Mixez jusqu'à obtention d'un mélange homogène.

5 Passez le mélange dans des verres à jus de fruits.

6 Réservez au réfrigérateur pendant 30 min avant de servir.

Remarque : un cocktail idéal pour les goûters d'enfants pendant les vacances d'été.

POUR VARIER...

PERFECT TIME À LA BANANE

Remplacez le melon par 3 bananes pelées et coupées en rondelles.

PERFECT TIME À LA VERVEINE

Remplacez le yaourt à la vanille par 20 cl de lait dans lequel vous aurez fait infuser 1 sachet de verveine. Laissez refroidir avant d'utiliser.

CRÈME D'ABRICOTS À LA VIOLETTE

Mélangez 120 g de mascarpone avec 1 jaune d'œuf, 4 c. à s. de confiture d'abricot et 2 c. à s. de sirop de violette. Incorporez 1 blanc d'œuf monté en neige. Servez sur des madeleines, avec le cocktail.

CRÈME DE MELON À LA LAVANDE

Reprenez la recette ci-dessus en remplaçant la confiture d'abricots par la chair de ½ melon mixée et le sirop de violette par 1 goutte d'essence de lavande.

POUR VARIER…

VIRGIN PIÑA COLADA

Mettez 7/10 de jus d'ananas et 3/10 de lait de coco dans un shaker avec des glaçons. Frappez puis passez le mélange dans un verre tumbler.

VIRGIN COLADA

Mettez 4/10 de jus d'orange, 4/10 de jus d'ananas, 2/10 de lait de coco et quelques glaçons dans un shaker. Frappez puis passez dans un verre tulipe.

COCOLAIT

Mettez 8/10 de jus d'ananas, 2/10 de lait de coco, quelques glaçons et ½ banane dans un blender puis mixez jusqu'à obtention d'un mélange homogène. Servez dans un verre tumbler.

BOUCHÉES À LA PÂTE D'AMANDES

Mélangez 250 g de poudre d'amandes, 250 g de sucre glace et 1 c. à c. de liqueur d'amande amère. Formez 1 boule et laissez reposer. Étalez la pâte et coupez des formes à l'emporte-pièce. Nappez de chocolat fondu. Laissez prendre puis servez avec le cocktail.

PIÑA COLATA

PRÉPARATION : **2 min** POUR **1 cocktail**

glaçons • 6/10 de lait de coco • 3/10 de jus d'ananas • 1/10 de sirop d'orgeat • 1 morceau d'ananas frais

1 Remplissez un shaker à moitié de glaçons.

2 Ajoutez le lait de coco, le jus d'ananas et le sirop d'orgeat.

3 Frappez puis passez le mélange dans un verre à pied ou dans un petit verre tumbler.

4 Décorez le verre avec le morceau d'ananas.

5 Servez aussitôt.

Remarque : ou comment retrouver le goût de la piña colada, sans craindre les méfaits de l'alcool.

PINEAPPLE COOLER

PRÉPARATION : **2 min** POUR **1 cocktail**

glaçons • $^6/_{10}$ de jus d'ananas • $^1/_{10}$ de jus de citron vert • $^3/_{10}$ de boisson gazeuse au citron • 1 morceau d'ananas frais

1 Remplissez un shaker à moitié de glaçons.

2 Ajoutez le jus d'ananas et le jus de citron vert.

3 Frappez puis passez le mélange dans un verre évasé ou dans un verre tulipe.

4 Complétez avec de la boisson gazeuse au citron.

5 Décorez le verre avec le morceau d'ananas.

6 Servez aussitôt.

POUR VARIER…

PINEAPPLE COOLER À L'ANGOSTURA*

Ajoutez 1 trait d'Angostura® bitter en même temps que le jus de citron.

PASSION COOLER

Remplacez le jus d'ananas par du jus de fruit de la Passion. Répartissez le contenu de 1 fruit de la Passion frais dans le verre.

CUPCAKES À LA VANILLE

Fouettez 125 g de beurre et 125 g de sucre en poudre ensemble. Incorporez 3 œufs sans cesser de battre, puis 1 c. à c. d'extrait de vanille, le zeste de 1 citron, 230 g de farine, 1 sachet de levure chimique et 1 pincée de sel. Garnissez des caissettes en papier du mélange et faites cuire au four préchauffé à 180 °C de 15 à 20 min. Laissez refroidir puis servez avec le cocktail.

CUPCAKES AU CACAO

Remplacez l'extrait de vanille et le zeste de citron par 3 c. à s. de cacao amer.

PINK CITY

PRÉPARATION : 5 min POUR 12 personnes

500 g de fraises • 50 cl de jus d'orange • 5 cl de sirop de fraise • glaçons • 2 l de limonade

1 Lavez les fraises, équeutez-les et coupez-les en deux.

2 Mettez-les dans un saladier avec le jus d'orange et le sirop de fraise.

3 Laissez macérer au réfrigérateur pendant 2 h.

4 Juste avant de servir, mettez quelques glaçons dans le saladier et versez la limonade.

5 Remuez à l'aide d'une cuillère à mélange.

6 Servez à l'aide d'une louche dans des coupes ou de grands verres à shot.

POUR VARIER…

PINK CITY AU RHUM

Remplacez 50 cl de limonade par 50 cl de rhum blanc.

RED LIGHT

Mettez des glaçons, 3/10 de jus de fraise, 3/10 de jus d'orange, 2/10 de jus d'ananas, 2/10 de jus de citron et 3 traits de grenadine dans un shaker. Frappez puis servez dans un verre à vin.

SALSA DE FRUITS ROUGES

Arrosez 250 g de fraises, 100 g de myrtilles, 100 g de framboises du jus de 3 citrons verts. Ajoutez 1 c. à c. de gingembre frais râpé. Hachez grossièrement. Tartinez sur des muffins. Servez avec le cocktail.

ÎLES FLOTTANTES SUR SALSA

Montez 6 blancs d'œufs en neige ferme avec 1 pincée de sel. Déposez-en de petites cuillerées dans de l'eau bouillante, faites cuire pendant quelques secondes, retournez puis égouttez. Versez de la salsa dans de petits ramequins. Déposez des blancs en neige par-dessus. Servez avec le cocktail.

RAISINÉ

PRÉPARATION : 2 min **POUR** 1 cocktail

glaçons • 5/10 de jus de raisin rouge • 3/10 de jus d'orange • 2/10 de jus de citron • 1 c. à s. de miel

1 Remplissez un shaker à moitié de glaçons.

2 Ajoutez tous les autres ingrédients.

3 Frappez longuement pour que le miel se dissolve bien.

4 Versez dans un verre à vin.

5 Servez aussitôt.

Remarque : ce long drink, qui conjugue douceur et acidité, est encore meilleur s'il est réalisé avec des jus de fruits fraîchement pressés.

POUR VARIER...

RAISINÉ AU VIN

Remplacez le jus de raisin par du vin rouge, bien fruité de préférence.

VIRGIN SANGRIA

Mettez des glaçons, 3/10 de jus d'orange, 3/10 de jus de raisin, 4/10 de tonic et des morceaux d'orange, de pomme et de poire dans un verre ballon.

PALETS AUX RAISINS

Mélangez 70 g de beurre ramolli avec 70 g de sucre en poudre, 1 sachet de sucre vanillé et 2 œufs. Ajoutez 110 g de farine à gâteaux, 60 g de raisins secs et 1 c. à s. de kirsch. Mélangez. Formez de petits tas sur une plaque. Faites cuire au four préchauffé à 150 °C pendant 10 min. Servez avec le cocktail.

ORANGE CURD

Mélangez 25 g de beurre fondu, 60 g de sucre en poudre, 1 œuf battu et le jus de 1 orange. Faites épaissir sur feu doux. Servez sur des sablés, avec le cocktail.

POUR VARIER…

AFTERGLOW

Mettez des glaçons, 5/10 de jus d'ananas, 5/10 de jus d'orange et 2 traits de sirop de grenadine dans un shaker. Frappez et servez dans un grand verre tumbler.

ALICE

Mettez des glaçons, 3/10 de jus d'ananas, 1/10 de jus d'orange, 1/10 de sirop de grenadine et 5/10 de crème fraîche dans un shaker. Frappez et passez dans un verre à cocktail.

ISLAND COOLER

Mettez des glaçons, 4/10 de jus d'orange, 2/10 de jus d'ananas, 2/10 de jus de citron, 2/10 de jus de mangue et 1 trait de sirop de grenadine dans un shaker. Frappez et passez dans un grand verre tumbler. Complétez avec de l'eau gazeuse.

NIFLETTES

Découpez 12 disques de pâte feuilletée. Mettez-les sur une plaque, déposez au centre de chacun 3 c. à c. de crème pâtissière. Faites cuire au four préchauffé à 210 °C de 15 à 20 min. Saupoudrez de sucre glace et servez avec le cocktail.

RED SOMBRERO

PRÉPARATION : **2 min** POUR **1 cocktail**

glaçons • 3/10 de jus d'ananas • 3/10 de jus d'orange • 2/10 de jus de citron • 2/10 de sirop de grenadine • ginger ale

1 Remplissez un shaker à moitié de glaçons.

2 Versez le jus d'ananas, le jus d'orange, le jus de citron et le sirop de grenadine.

3 Frappez puis versez le mélange dans un grand verre évasé.

4 Complétez avec du ginger ale.

5 Servez aussitôt.

Astuce : à défaut de ginger ale, vous pouvez utiliser du Canada Dry®.

POUR VARIER…

SECRETS AND LIES

Remplacez les fraises par des framboises et le lait de coco par du yaourt brassé nature.

DEEP FOREST

Remplacez les fraises par des fraises des bois.

BOUCHÉES AU BEURRE DE CACAHUÈTES

Mélangez 150 g de sucre glace, 200 g de beurre de cacahuètes, 50 g de sucre roux et 50 g de beurre ramolli. Versez dans un moule recouvert de papier sulfurisé et étalez à la spatule. Laissez prendre au réfrigérateur pendant 3 h. Coupez en carrés et servez avec le cocktail.

BOUCHÉES AU BEURRE DE CACAHUÈTES ET AU CHOCOLAT

Reprenez la recette ci-dessus et versez 200 g de chocolat noir fondu sur la préparation, dans le moule.

SECRET DIARY

PRÉPARATION : **5 min** POUR **4 personnes**

2 bananes • 200 g de fraises • 10 cl de lait de coco • 6 glaçons

1 Pelez les bananes et coupez-les en morceaux.

2 Lavez les fraises, équeutez-les et coupez-les en deux.

3 Versez les morceaux de fruits dans un blender.

4 Ajoutez le lait de coco et les glaçons.

5 Mixez jusqu'à obtention d'un mélange homogène.

6 Réservez au frais pendant 2 h avant de servir bien frais.

SPRING BLOSSOM

PRÉPARATION : **10 min** POUR **2 ou 3 personnes**

1 ananas victoria • 3 oranges sanguines • 5 cl d'eau • glaçons

1 Pelez l'ananas et coupez la chair en cubes.

2 Mettez-les dans un blender et mixez finement.

3 Pressez le jus des oranges.

4 Versez-le dans le blender avec l'eau et quelques glaçons puis mixez de nouveau.

5 Servez bien frais.

POUR VARIER…

SPRING BLOSSOM FIZZ

Remplacez le jus des oranges sanguines par de l'Orangina® rouge. Ajoutez-le une fois tous les autres ingrédients mixés, directement dans le verre.

TARTELETTES TATIN AUX POMMES

Nappez de caramel le fond de minimoules à tartelette. Déposez par-dessus des lamelles de pomme revenues à la poêle avec du beurre et recouvrez de pâte feuilletée. Soudez bien les bords. Faites cuire au four préchauffé à 180 °C pendant 10 min. Servez avec le cocktail.

TATINS AUX POIRES

Reprenez la recette ci-dessus en remplaçant les pommes par des poires.

TATINS AU JUS D'ORANGE

Reprenez la recette ci-dessus en ajoutant 20 cl de jus d'orange et 3 c. à c. de sucre en poudre dans la poêle en même temps que les pommes, pour les faire caraméliser. Supprimez le caramel dans les moules. Conservez le jus de cuisson et nappez-en les tartes avant de servir.

POUR VARIER…

RASPBERRY DELIGHT

Remplacez les fraises par des framboises.

PEACH DELIGHT

Remplacez les fraises par 2 pêches pelées et dénoyautées.

CRÈME AU CHOCOLAT AU LAIT

Faites chauffer 180 g de sucre en poudre à sec. Arrêtez la cuisson et ajoutez 20 cl de crème fraîche, 200 g de chocolat au lait détaillé en cubes et 30 g de beurre. Fouettez. Laissez refroidir et tartinez sur des scones. Servez avec le cocktail.

BOUCHÉES DE BANANE AU CHOCOLAT

Répartissez des rondelles de banane dans des cuillères à apéritif. Déposez de la crème au chocolat au lait par-dessus. Parsemez de noix de coco râpée ou de spéculoos émiettés. Servez avec le cocktail.

STRAWBERRY DELIGHT

PRÉPARATION : **10 min** POUR **2 cocktails**

250 g de fraises • 1 banane • 50 g de sucre en poudre • 20 cl de crème liquide • glaçons

1 Lavez les fraises et équeutez-les. Réservez-en quelques-unes pour la décoration. Coupez les autres en deux.

2 Pelez la banane et coupez-la en morceaux.

3 Mettez les morceaux de fruits dans un blender.

4 Ajoutez le sucre en poudre, la crème liquide et quelques glaçons.

5 Mixez jusqu'à obtention d'un mélange homogène.

6 Répartissez le mélange dans 2 verres tumbler.

7 Décorez les verres avec les fraises réservées.

8 Servez aussitôt.

SUMMERTIME

PRÉPARATION : 10 min **POUR** 4 personnes

2 pêches • 4 abricots • 1 banane • 1 citron vert • 10 feuilles de menthe + quelques-unes pour la décoration • glaçons

1 Pelez les pêches, les abricots et la banane. Dénoyautez les pêches et les abricots. Coupez les fruits en morceaux.

2 Pressez le jus du citron vert.

3 Lavez les feuilles de menthe et épongez-les.

4 Mettez tous ces ingrédients dans un blender avec quelques glaçons.

5 Mixez jusqu'à obtention d'un mélange homogène.

6 Décorez avec les feuilles de menthe réservées.

7 Servez aussitôt.

POUR VARIER…

WINTERTIME

En hiver, préparez ce cocktail avec des pêches et des abricots au sirop, et remplacez les feuilles de menthe par 1 c. à s. de sirop de menthe.

AUTUMNTIME

En automne, remplacez les pêches par des pommes et les abricots par des poires.

TARTELETTES AUX CERISES

Garnissez des moules à tartelette de pâte feuilletée. Faites cuire à blanc au four préchauffé à 180 °C pendant 10 min. Garnissez les fonds de tarte de griottes au sirop. Servez avec le cocktail.

TARTELETTES AUX CERISES AU PRALIN

Reprenez la recette ci-dessus et parsemez chaque tartelette de 1 c. à c. de pralin. Faites cuire au four préchauffé à 180 °C pendant 5 min.

POUR VARIER…

TABLOID À LA LIQUEUR

Remplacez les framboises par 15 cl de liqueur de framboise.

TABLOID AU BASILIC

Remplacez les feuilles de menthe par des feuilles de basilic.

POIRES AUX ÉPICES

Faites bouillir 20 cl d'eau avec le jus de 1 citron. Ajoutez 4 poires pelées et coupées en dés, 1 gousse de vanille fendue, 1 clou de girofle et 2 capsules de cardamome. Faites cuire à feu doux de 10 à 15 min. Sucrez. Servez dans des verrines, avec le cocktail.

VERRINES CHOCO-POIRE

Alternez dans des verrines 1 couche de poires aux épices (voir ci-dessus), 1 couche de mousse au chocolat, 1 couche de poires et 1 couche de mousse. Servez avec le cocktail.

TABLOID

PRÉPARATION : **10 min** POUR **4 personnes**

200 g de framboises • 12 feuilles de menthe • 75 cl de limonade fraîche

1 Rincez les framboises.

2 Écrasez-en la moitié à l'aide d'un pilon.

3 Rincez les feuilles de menthe et épongez-les.

4 Mettez les framboises écrasées, les framboises entières et la menthe dans un saladier.

5 Ajoutez la limonade.

6 Répartissez le mélange dans 4 coupes.

7 Servez bien frais.

POUR VARIER…

TAGADA ORANGE

Remplacez le lait par 40 cl de jus d'orange. Supprimez la crème glacée. Ajoutez 10 cl de vodka et 4 traits de sirop de fraise.

TAGADA COCO (POUR 8 SHOTS)

Mettez des glaçons, 5 fraises Tagada®, 2 cl de sirop de grenadine, 40 cl de lait, 2 cl de sirop de sucre de canne et 2 cl de liqueur de coco dans un blender. Mixez et passez dans des verres à shot.

CRÈME DE FRAISES TAGADA®

Portez à ébullition 15 cl de crème fleurette. Ajoutez 25 fraises Tagada® coupées en quatre en fouettant. Ajoutez 1 pincée d'agar-agar et laissez frémir pendant quelques minutes. Laissez refroidir et servez sur du pain de mie grillé, avec le cocktail.

BROCHETTES DE FRAISES ET BONBONS

Alternez sur des piques à cocktail ½ fraise, 1 fraise Tagada®, 1 fraise et 1 banane bonbon. Servez avec le cocktail.

TAGADA SHAKE

PRÉPARATION : **5 min** CUISSON : **5 min** POUR **2 ou 3 cocktails**

20 cl de lait • 100 g de fraises Tagada® • 4 boules de crème glacée à la fraise

1 Versez le lait dans un casserole et portez à ébullition.

2 Retirez la casserole du feu et ajoutez les fraises Tagada®.

3 Laissez refroidir.

4 Versez le lait aromatisé dans un blender et ajoutez les boules de glace.

5 Mixez jusqu'à obtention d'un mélange homogène.

6 Versez dans de petits verres tumbler.

7 Servez aussitôt.

POUR VARIER…

PASTIS-BREAK

Remplacez le sirop d'orgeat par du pastis.

JUSTICE

Remplacez le sirop d'orgeat par du sirop de fraise et le jus d'ananas par du jus de pamplemousse rose. Supprimez l'extrait de vanille.

CHOUQUETTES GARNIES

Coupez 1 chapeau à 16 chouquettes. Garnissez-les de lemon curd, de pâte à tartiner au chocolat, de confiture de mûres ou de caramel au beurre salé. Remettez les chapeaux. Servez avec le cocktail.

GALETTES DE COMPOTE

Faites compoter 3 pommes pelées et coupées en cubes dans une casserole avec 2 c. à s. d'eau. Ajoutez 1 c. à c. d'agar-agar et poursuivez la cuisson pendant 5 min. Versez dans des bacs à glaçons. Laissez refroidir et servez avec le cocktail.

TIE-BREAK

PRÉPARATION : **2 min** POUR **1 cocktail**

glaçons • 2/10 de sirop d'orgeat • 4/10 de jus d'orange • 4/10 de jus d'ananas • 2 traits d'extrait de vanille

1 Remplissez un shaker à moitié de glaçons.

2 Versez tous les autres ingrédients dans le shaker.

3 Frappez puis passez le mélange dans un verre à pied.

4 Servez aussitôt.

Remarque : ce long drink se boit très frais.

POUR VARIER…

JASMIN

Mettez des glaçons, 4/10 de nectar de goyave, 4/10 de jus de fruits rouges et 2/10 de jus d'ananas dans un verre à mélange. Remuez et passez dans un verre tumbler.

ATOMIC HAWAII

Mettez des glaçons, 4/10 de jus d'ananas, 4/10 de jus de goyave et 2/10 de sirop de violette dans un shaker. Frappez et passez dans un verre à margarita.

FUDGES AU CHOCOLAT

Faites chauffer le contenu de 1 boîte de lait concentré sucré et 400 g de chocolat noir coupé en cubes dans une casserole, à feu moyen. Versez dans un plat rectangulaire, étalez et réservez au frais pendant 4 h. Coupez en carrés et servez avec le cocktail.

FUDGES AU CHOCOLAT ET AU PAVOT

Reprenez la recette ci-dessus en parsemant la préparation de graines de pavot une fois dans le plat. Vous pouvez aussi utiliser des graines de sésame ou de la noix de coco râpée.

TROPIC MENTHE

PRÉPARATION : **2 min** POUR **1 cocktail**

glaçons • 2/10 de jus d'ananas • 3/10 de nectar de goyave • 4/10 de nectar de mangue • 1/10 de sirop de menthe

1 Remplissez un shaker à moitié de glaçons.

2 Versez tous les autres ingrédients dans le shaker.

3 Frappez puis passez le mélange dans un verre tumbler.

4 Servez aussitôt.

POUR VARIER…

FARMER'S JOY

Utilisez 8/10 de jus de tomate. Remplacez le consommé de bœuf par 1/10 de sauce Worcestershire.

TOMATO COOLER

Mettez de la glace pilée, 15 cl de jus de tomate, ¼ de concombre épépiné coupé en cubes, 1 trait de sauce Worcestershire, 1 trait de jus de citron et 1 pincée de sel de céleri dans un blender. Mixez et passez dans un verre tumbler.

C AND T

Mixez 15 cl de jus de tomate avec ½ concombre, 6 brins de persil, 1 pincée de sel de céleri et 1 pincée de sel dans un blender. Passez dans un verre tumbler.

CUILLÈRES D'AGRUMES

Pelez 1 pamplemousse rose et 1 orange. Prélevez les suprêmes, coupez-les en deux et mettez-les dans un saladier. Arrosez du jus de 1 citron et parsemez de 2 c. à s. de sucre en poudre. Laissez mariner pendant 1 h. Réparatissez dans des cuillères à apéritf. Servez avec le cocktail.

VIRGIN BULLSHOT

PRÉPARATION : **2 min** POUR **1 cocktail**

glaçons • 6/10 de jus de tomate • 3/10 de consommé de bœuf froid • 1/10 de jus de citron • 4 traits de Tabasco® • 1 œuf • sel de céleri • 1 branche de céleri • 2 tomates cerises

1 Remplissez un shaker à moitié de glaçons.

2 Versez le jus de tomate, le consommé de bœuf, le jus de citron, le Tabasco® et l'œuf dans le shaker. Ajoutez du sel de céleri.

3 Frappez puis passez le mélange dans un grand verre tumbler.

4 Décorez le verre avec la branche de céleri et les tomates cerises.

5 Servez aussitôt.

Astuce : à défaut de consommé de bœuf, vous pouvez utiliser 1 cube de bouillon de bœuf dilué dans de l'eau.

POUR VARIER…

RHUM TIPSY

Remplacez 15 cl de nectar de goyave par du rhum blanc.

MENDIANTS

Faites fondre 150 g de chocolat noir au bain-marie. Étalez-le en disques sur une feuille de papier sulfurisé. Parsemez de 50 g de fruits secs mélangés. Laissez prendre. Servez avec le cocktail.

MENDIANTS AUX DEUX CHOCOLATS

Reprenez la recette ci-dessus en faisant fondre 75 g de chocolat blanc dans une casserole et 75 g de chocolat au lait dans une autre. Formez des disques aux 2 chocolats.

MENDIANTS À LA MENTHE

Reprenez la recette ci-dessus en remplaçant les fruits secs par des feuilles de menthe.

VIRGIN TIPSY

PRÉPARATION : **5 min** POUR **2 personnes**

1 banane bien mûre • 35 cl de nectar de goyave frais • 50 g de cassis surgelés • glaçons

1 Pelez la banane et coupez-la en morceaux.

2 Mettez-les dans un blender avec le nectar de goyave, les cassis surgelés et quelques glaçons.

3 Mixez jusqu'à obtention d'un mélange homogène.

4 Servez aussitôt.

TABLE DES MATIÈRES

COCKTAILS CLASSIQUES

COCKTAILS CRÉATIFS

COCKTAILS SANS ALCOOL

CRÉDITS PHOTOGRAPHIQUES

Toutes les photographies de cet ouvrage proviennent de l'agence Istock, à l'exception des images suivantes, issues du fonds de l'agence Orédia :
p. 2-3, 75, 77, 79, 93, 97, 101, 135, 139, 146-147, 167, 175, 185, 195, 201, 205, 207, 223, 265, 267, 271, 273, 279, 287, 289, 291, 292-293, 297, 299, 301, 305, 307, 311, 317, 321, 325, 327, 329, 331, 333, 345, 347, 349, 355, 363, 365, 369, 371, 377, 383, 389, 391, 393, 395, 397, 401, 410 3e col, 411 2e, 3e et 4e col, 413 2e, 2e et 4e col, 414 1re et 2e col, 415 2e col.

Dans la collection 1001 recettes
Cuisine au micro-ondes / Cuisine végétarienne / Chocolat / Apéritifs dînatoires / Bar à cocktails / Cuisine de bistrot / Cuisine de marques / Cuisine de New York / Cuisine de nos régions / Cuisine des familles / Cuisine des grandes tablées / Cuisine des saisons / Cuisine du monde / Cuisine économique / Cuisine facile / Cuisine légère / Cuisine pour nos enfants / Desserts et gourmandises / Gâteaux et délices / La cuisine rapide / Les plats uniques / Plaisirs au chocolat / Plancha, brochettes, barbecue

NOTE : LE CHAPITRE « COCKTAILS SANS ALCOOL » NE FAIT RÉFÉRENCE QU'À LA RECETTE PRINCIPALE. CERTAINES VARIANTES PEUVENT ÊTRE ALCOOLISÉES.

Conçu et réalisé par Copyright pour les Éditions Solar
Rédaction : Anne-Laure Estèves
Édition : Sophie Zeegers
Création graphique : Émilie Greenberg
Mise en pages : Aurélie Lequeux
Photogravure : Frédéric Bar
Fabrication : Stéphanie Parlange

Création et réalisation graphique de la couverture : Julia Philipps

ISBN : 978-2-263-14919-1
Code éditeur : S14919
Dépôt légal : mars 2017
Achevé d'imprimer en février 2017
Imprimé en Pologne

Solar | un département **place des éditeurs**

place des éditeurs